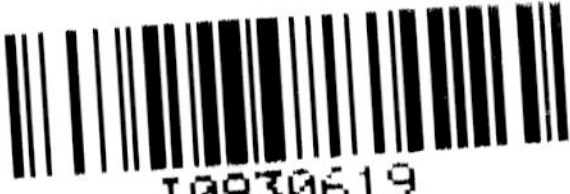

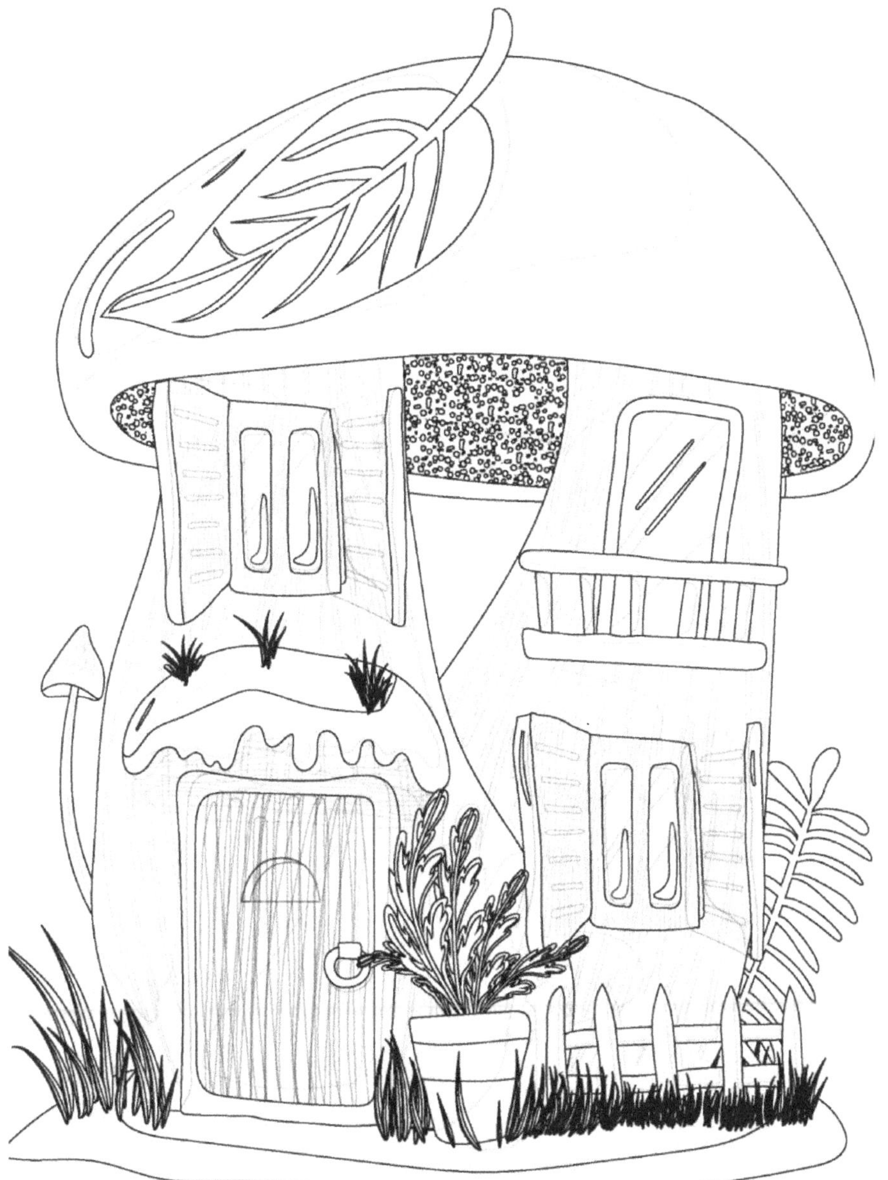

Dieses Buch gehört

VORSCHAUSEITEN

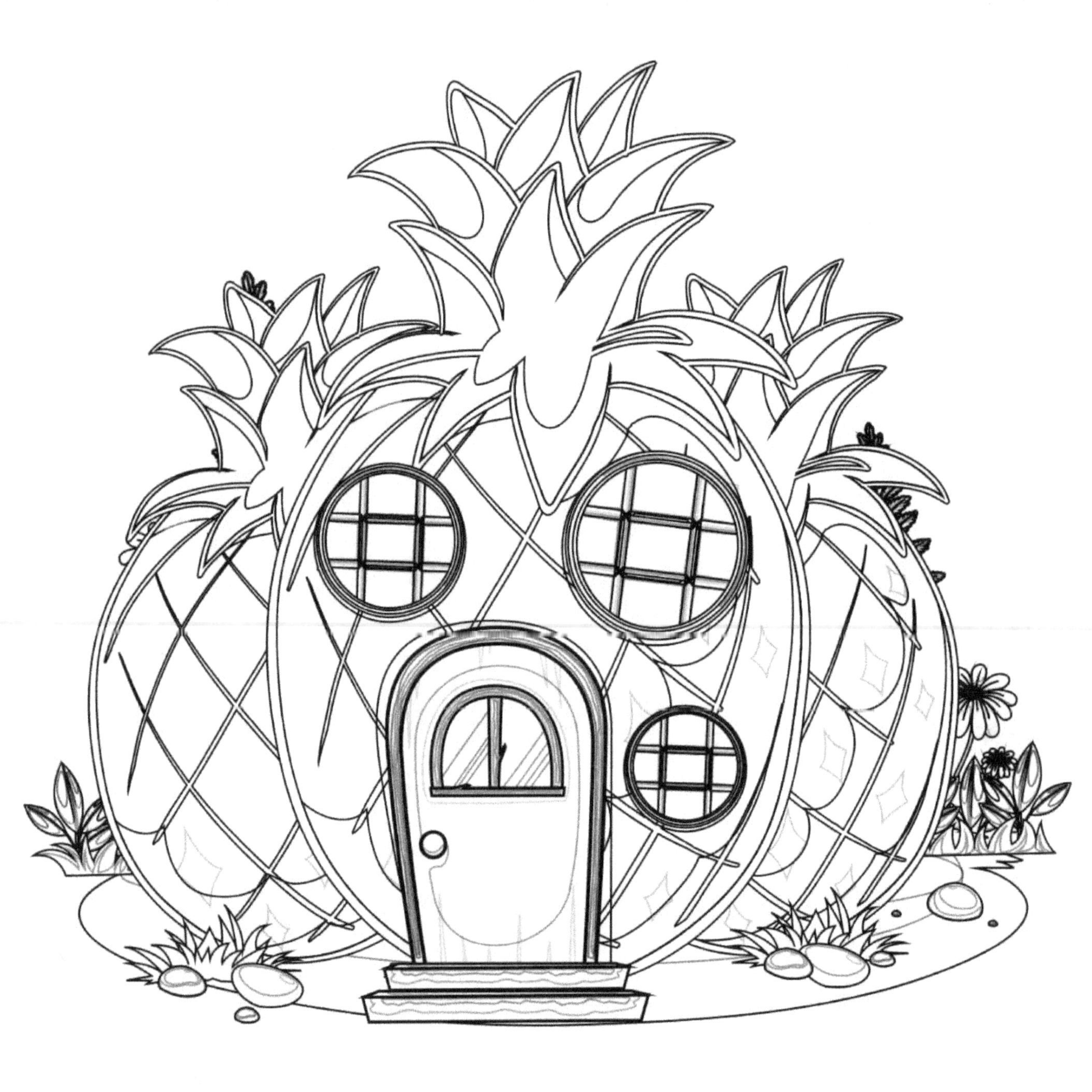

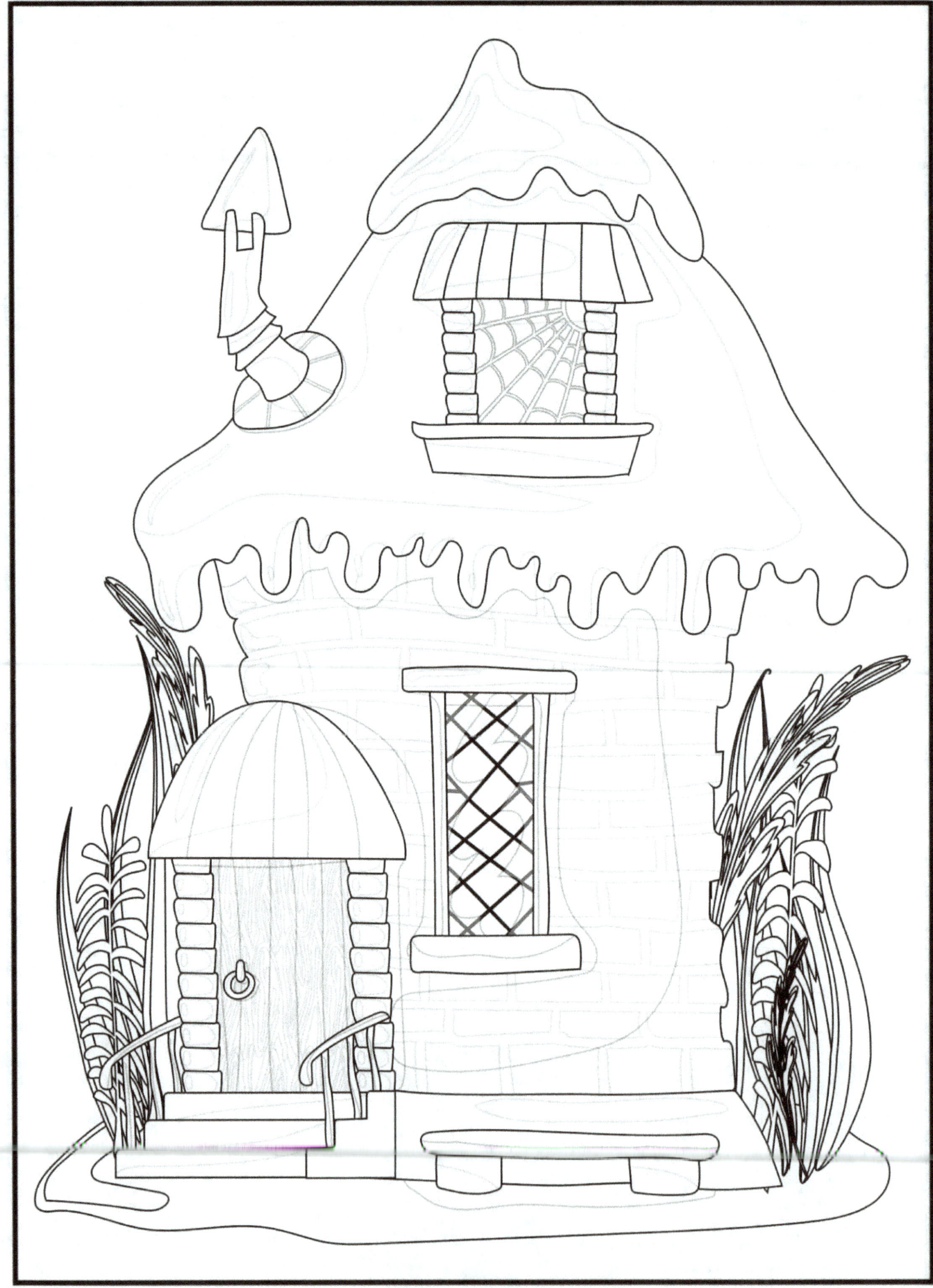

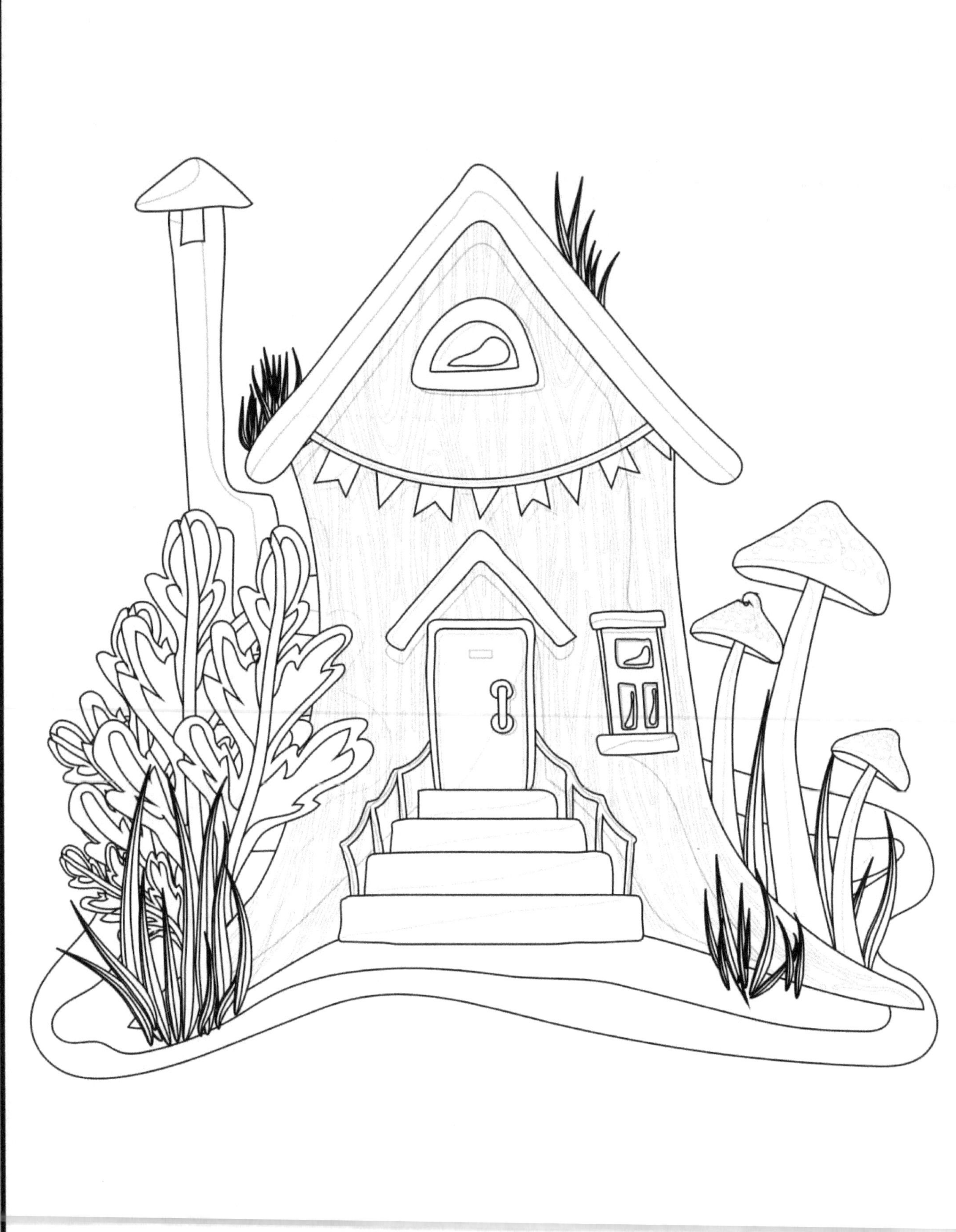

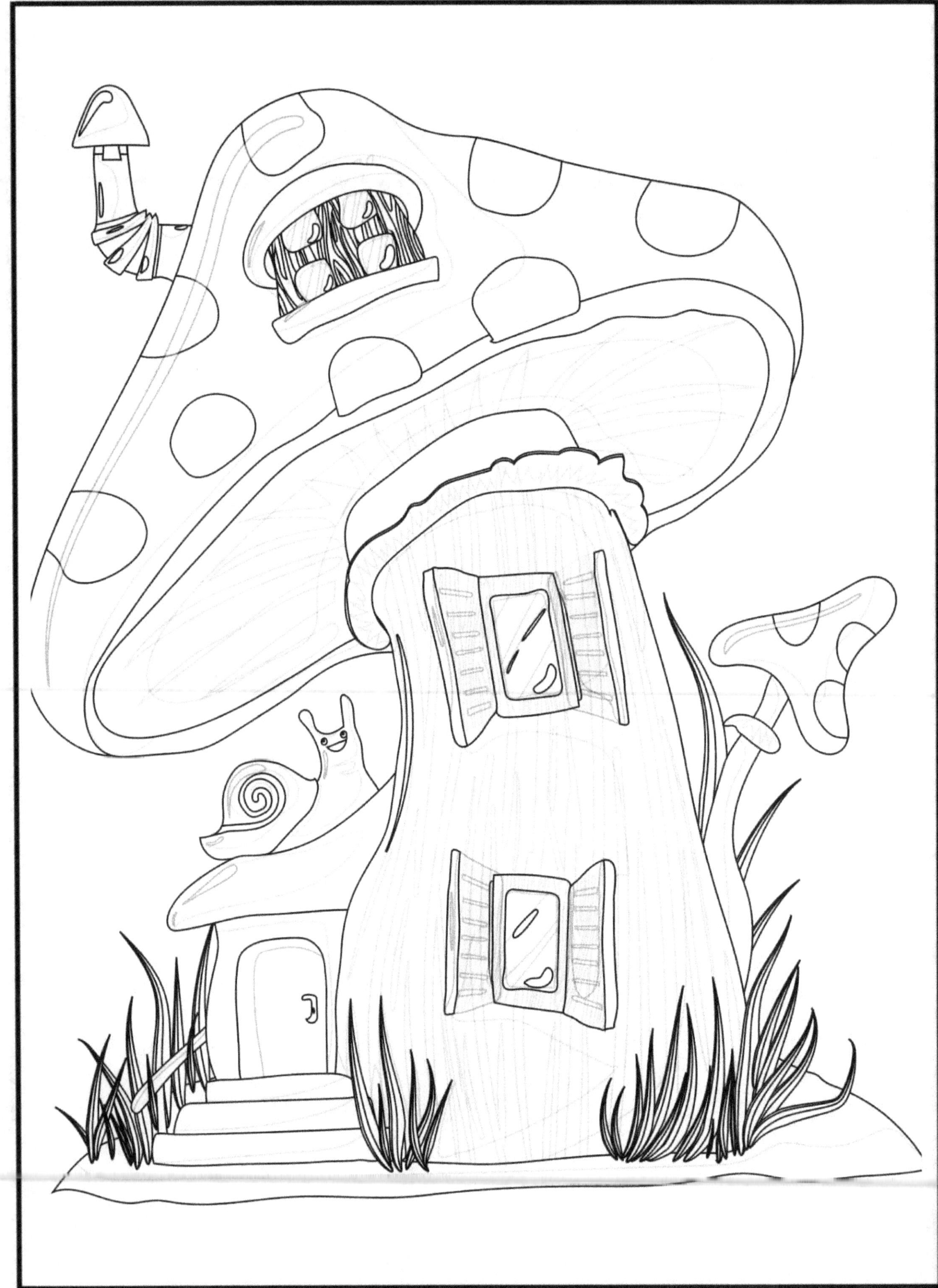

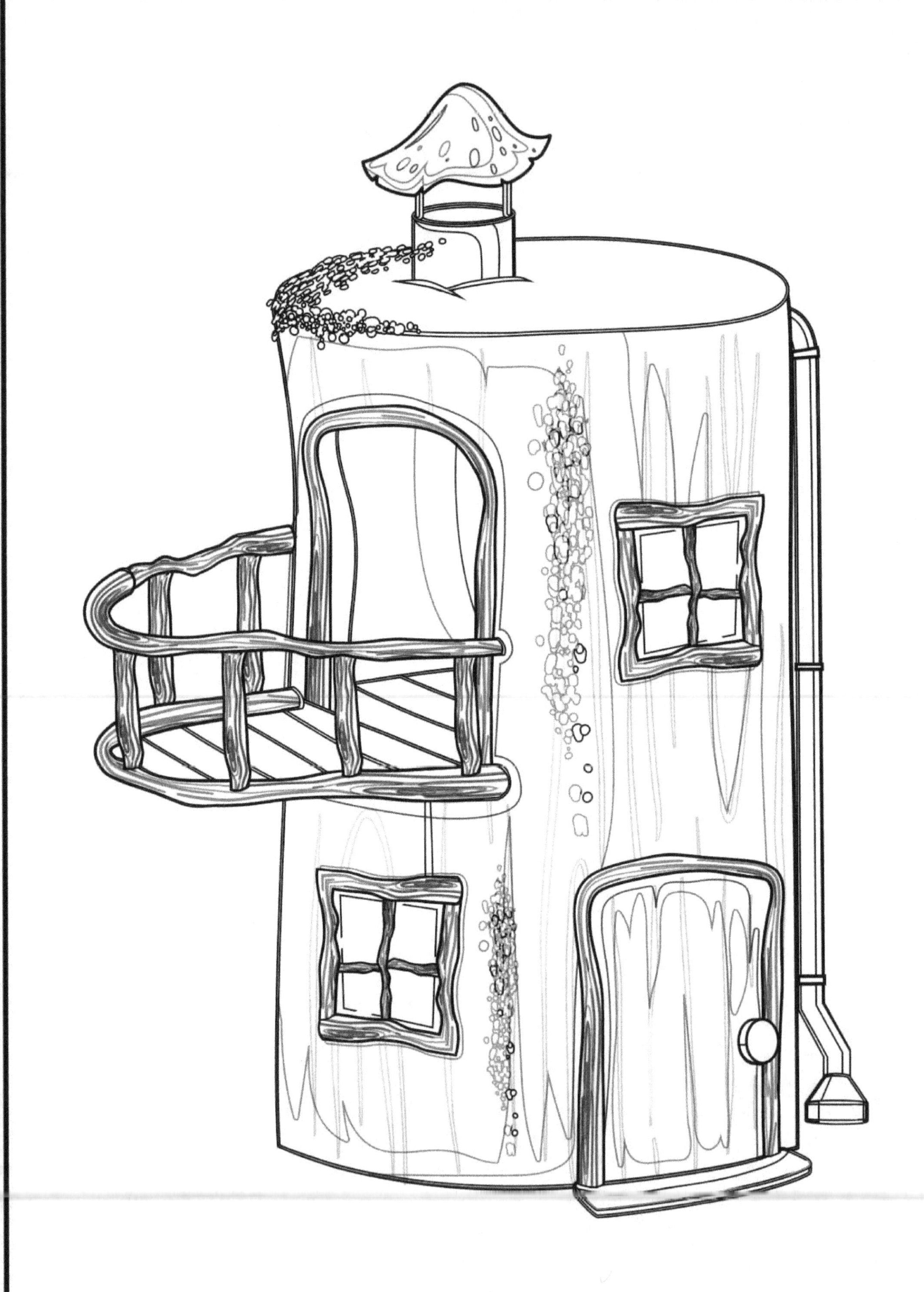

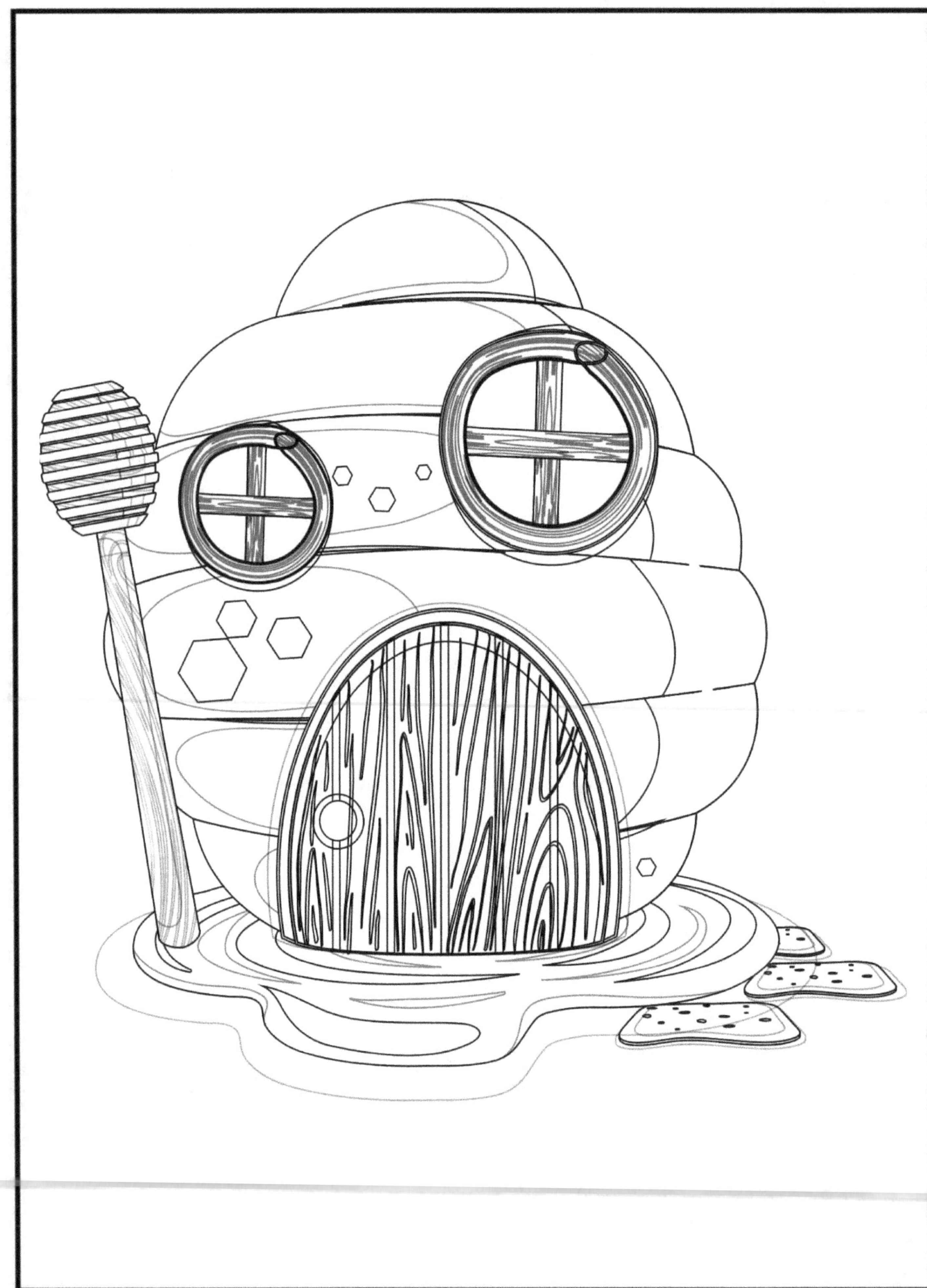

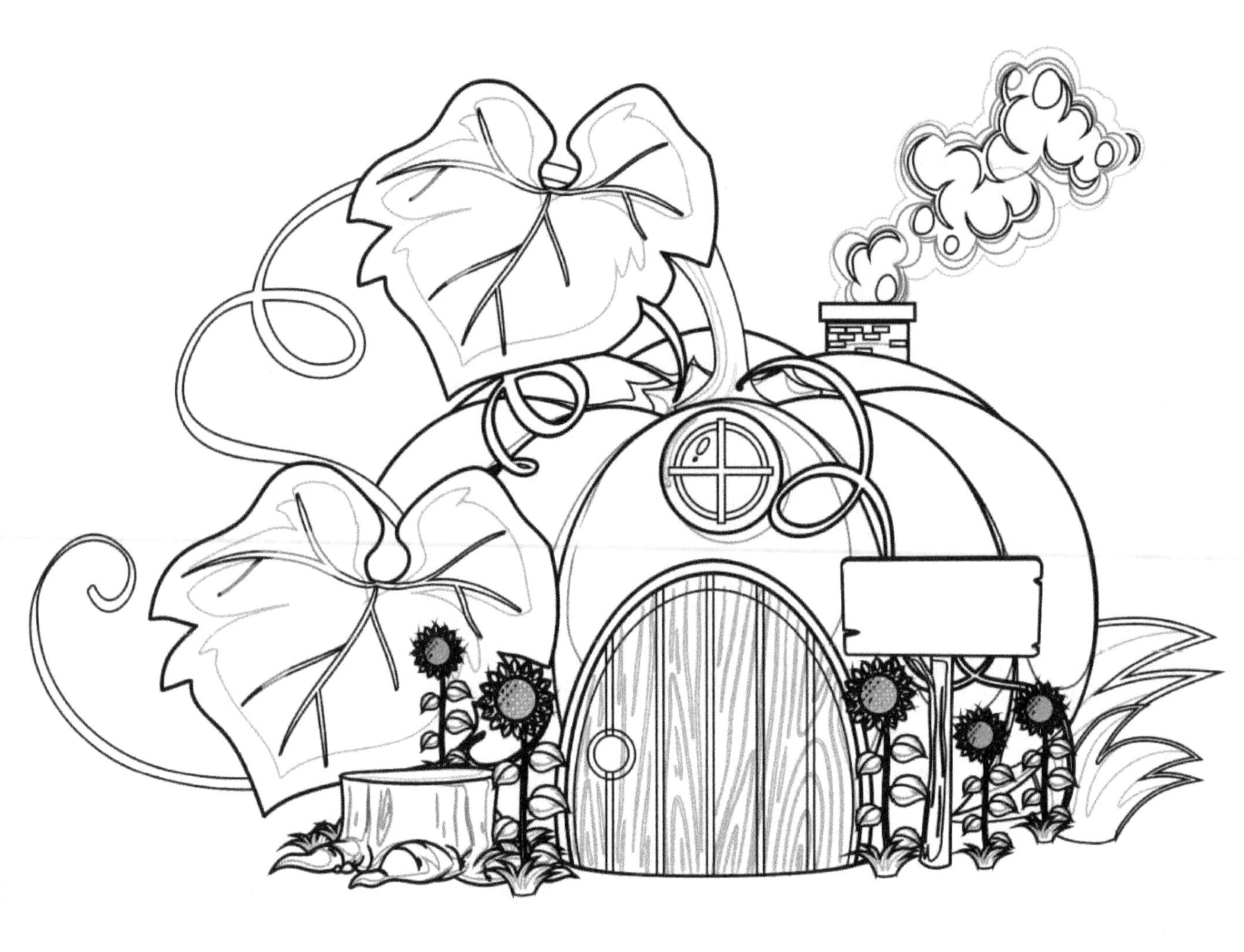

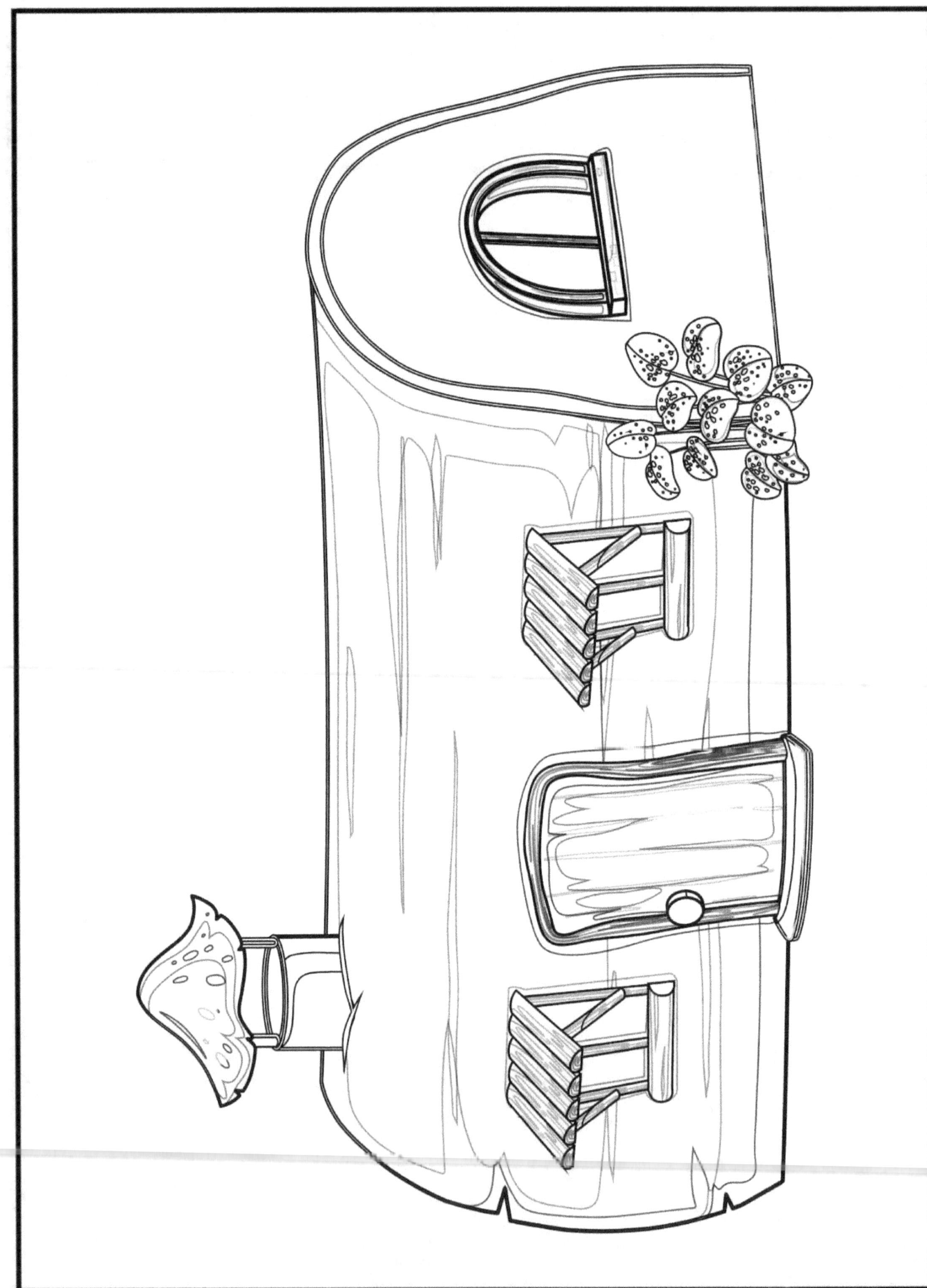

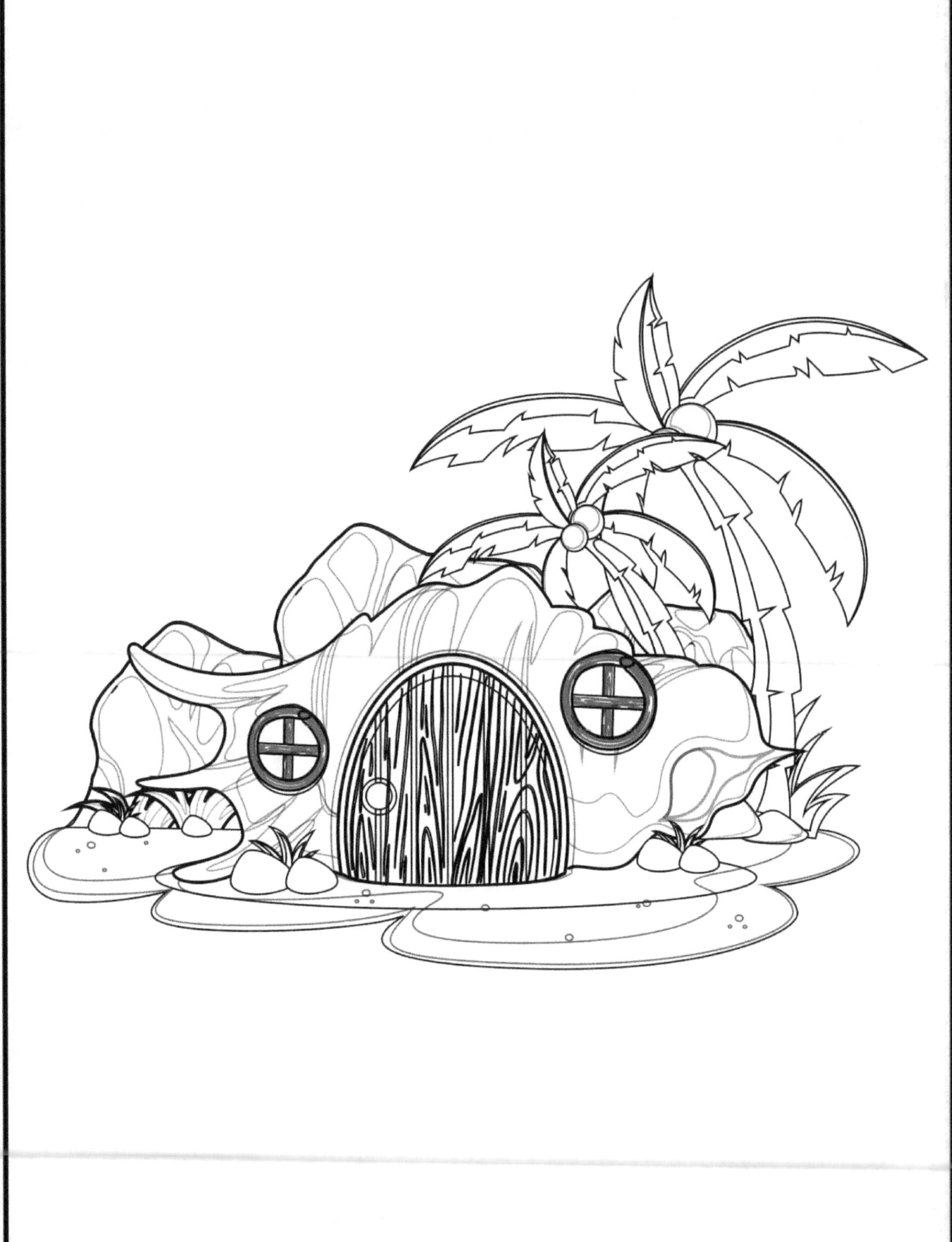

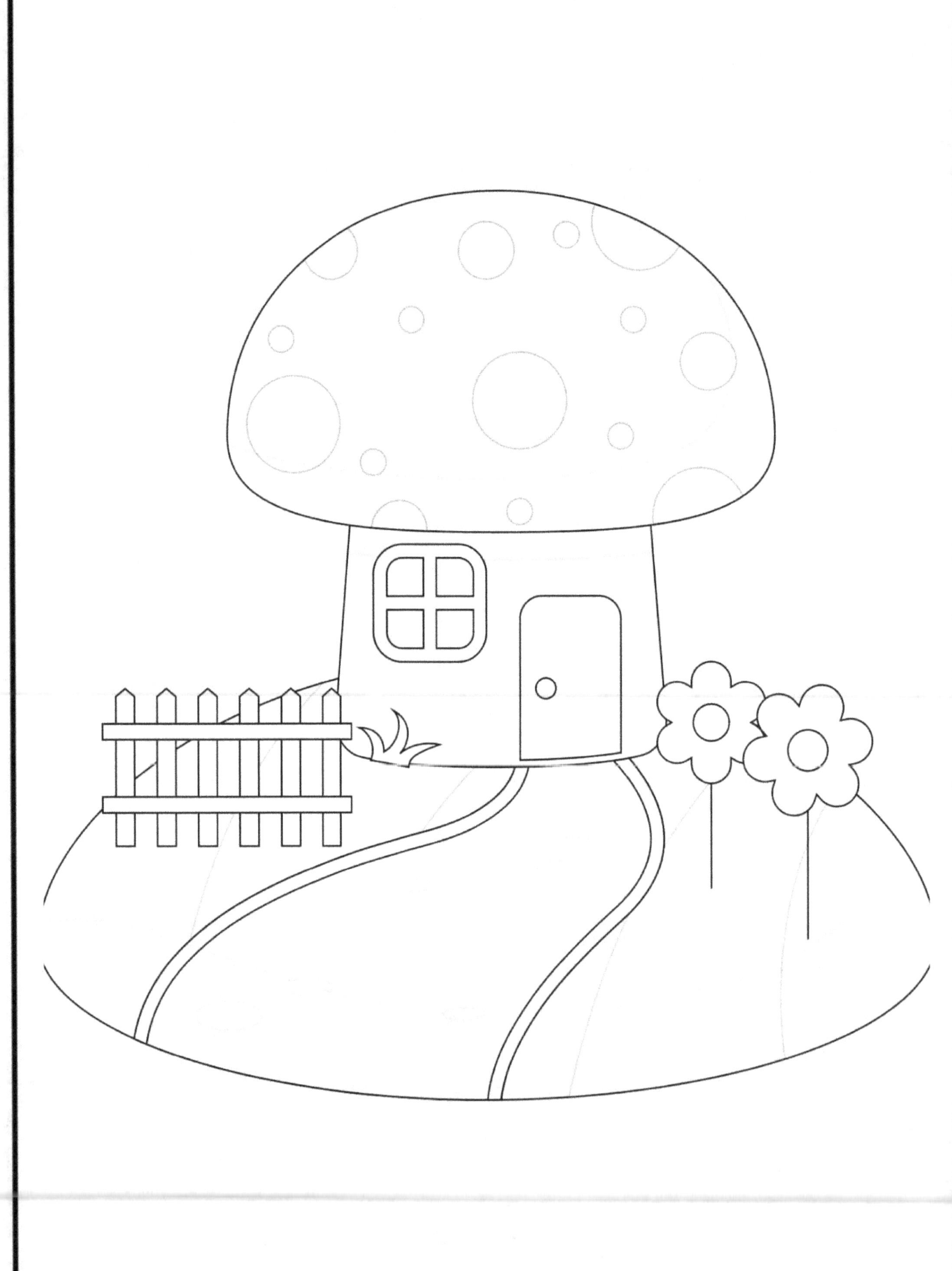

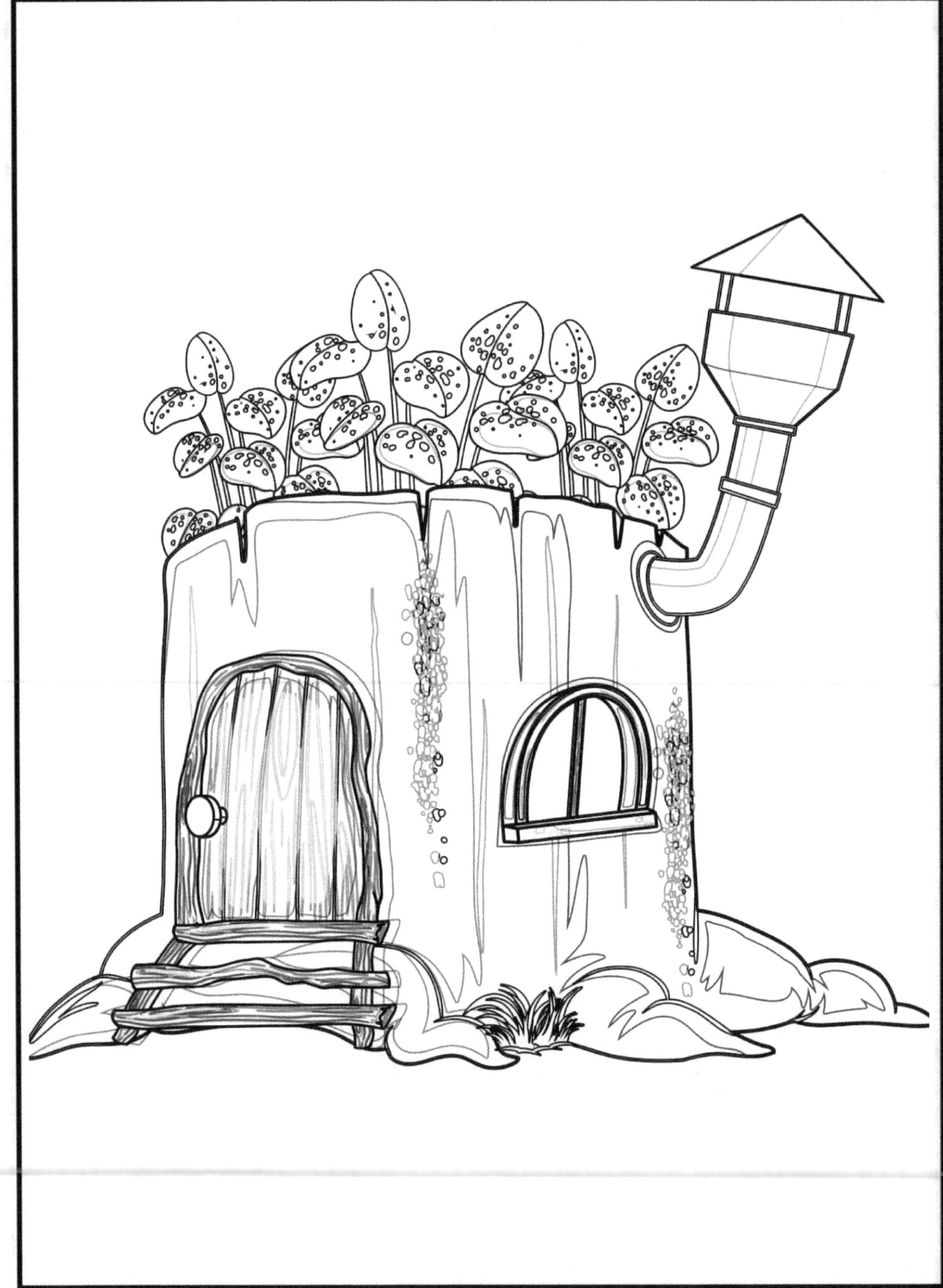

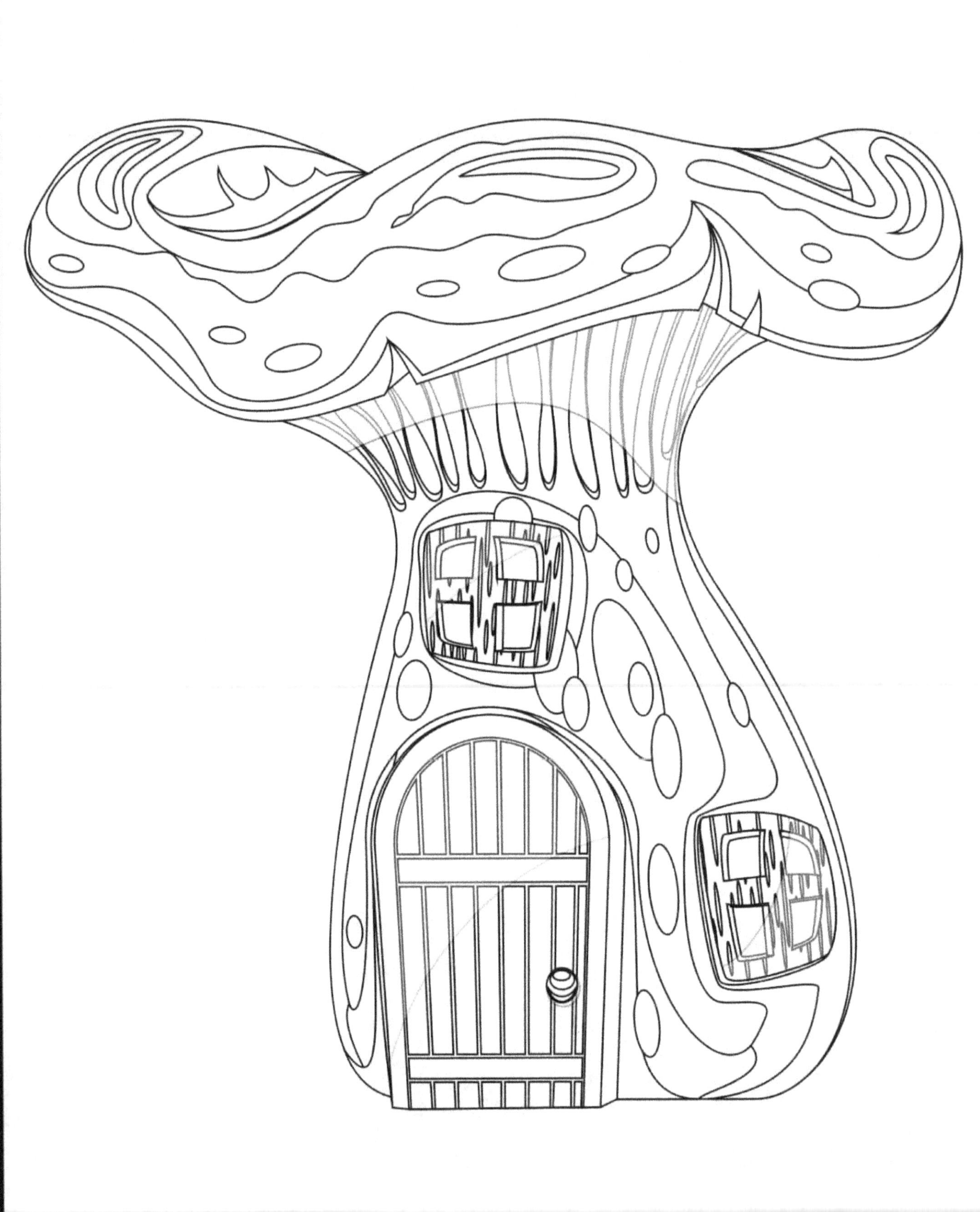

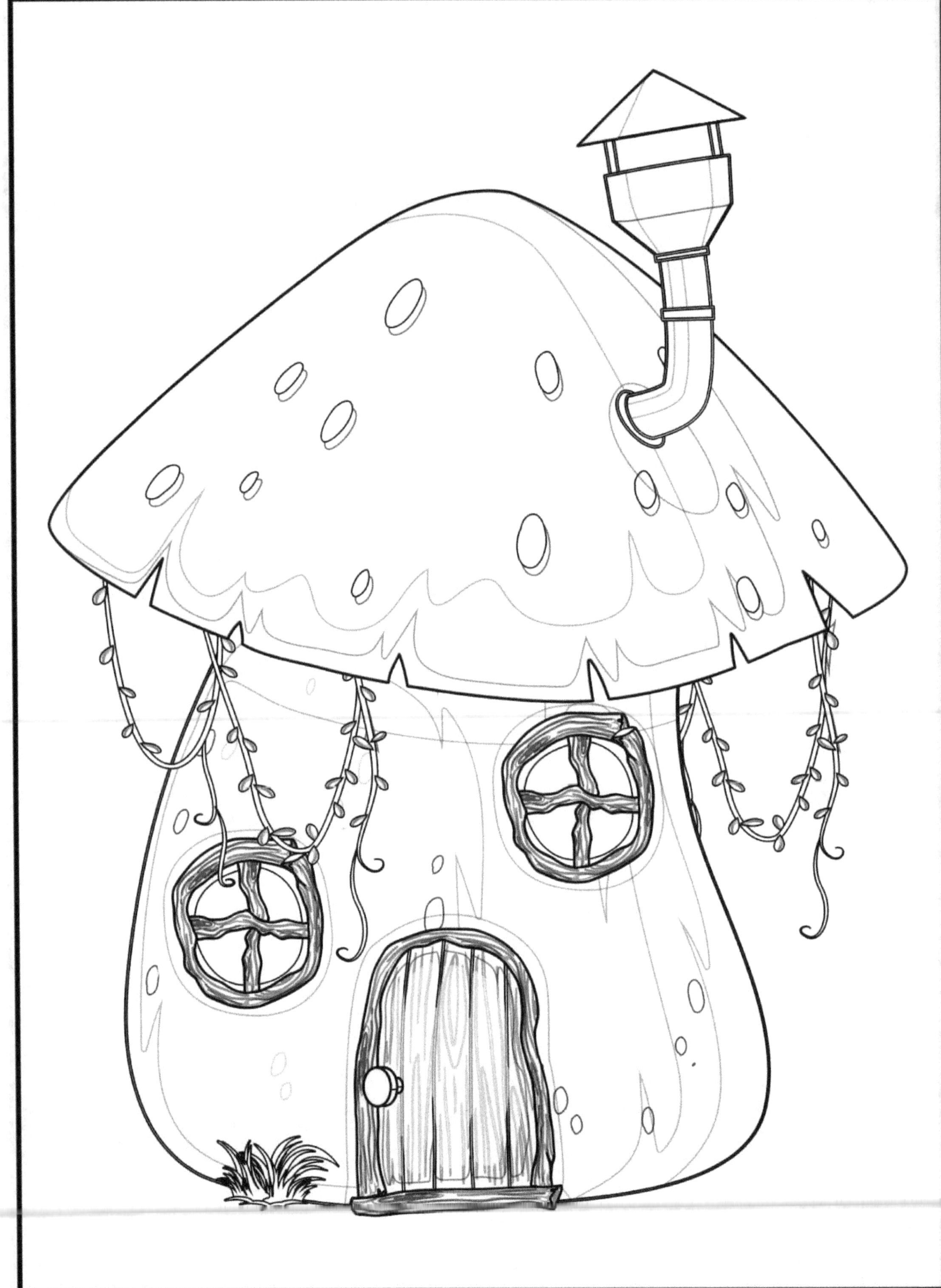

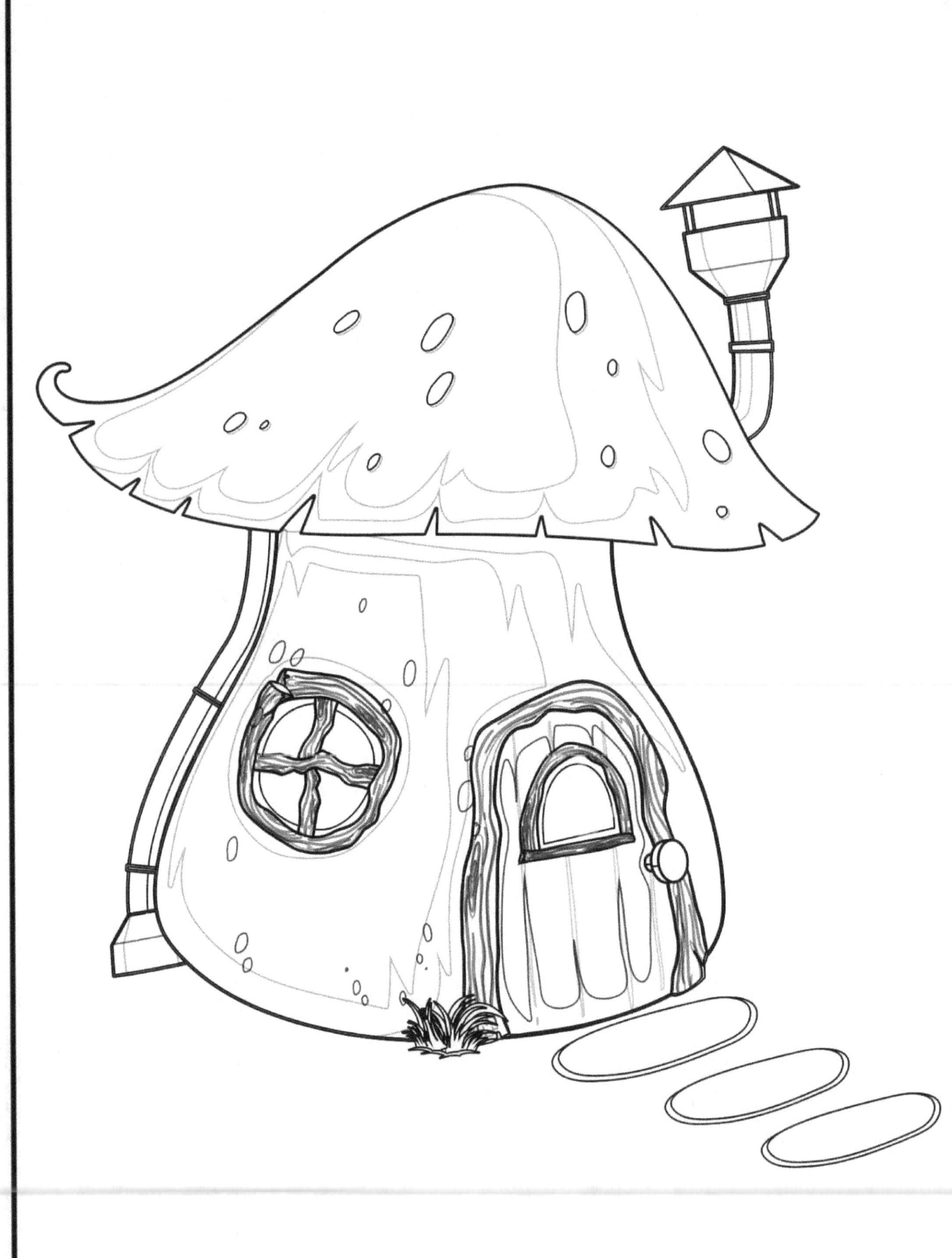

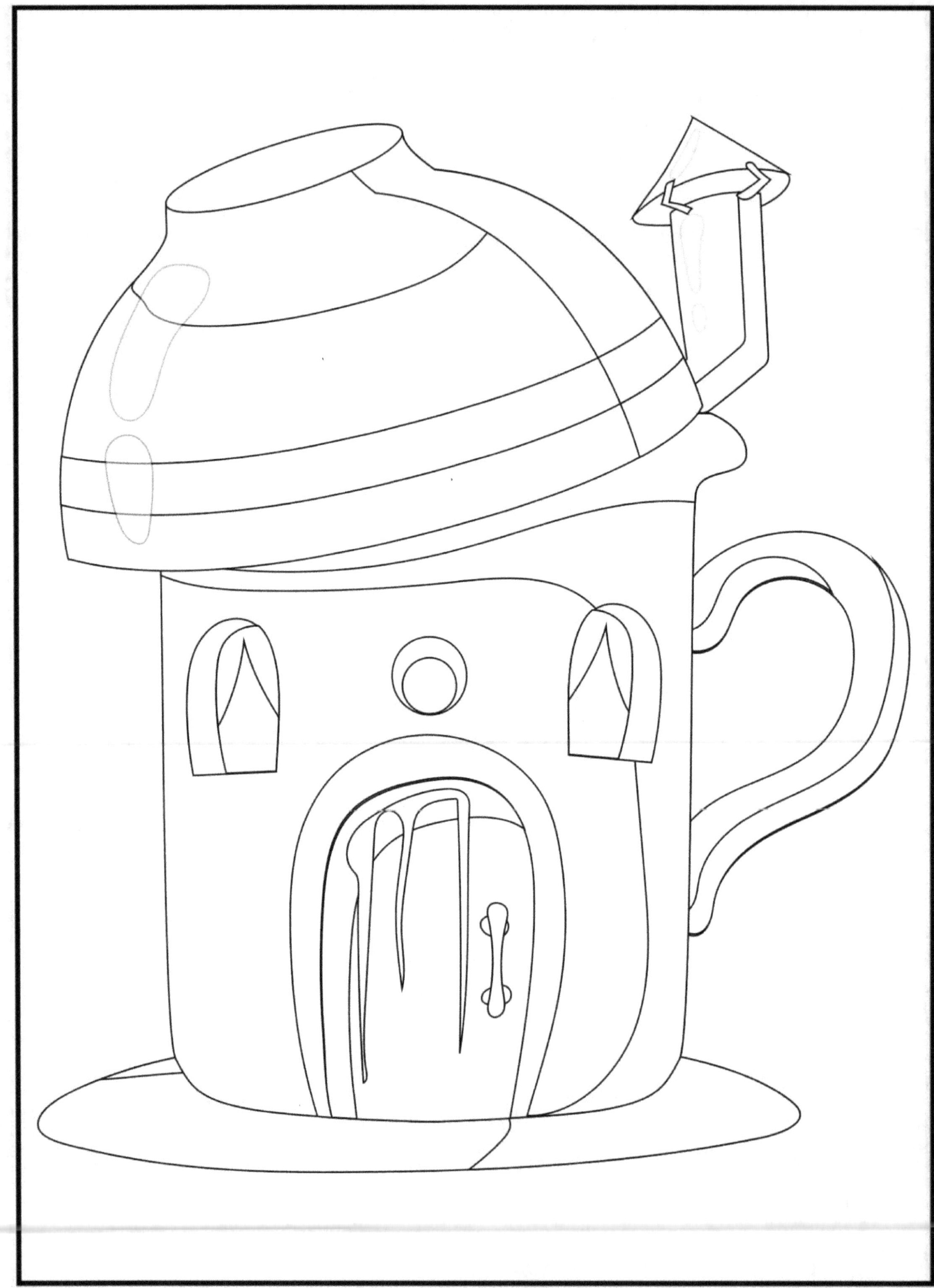

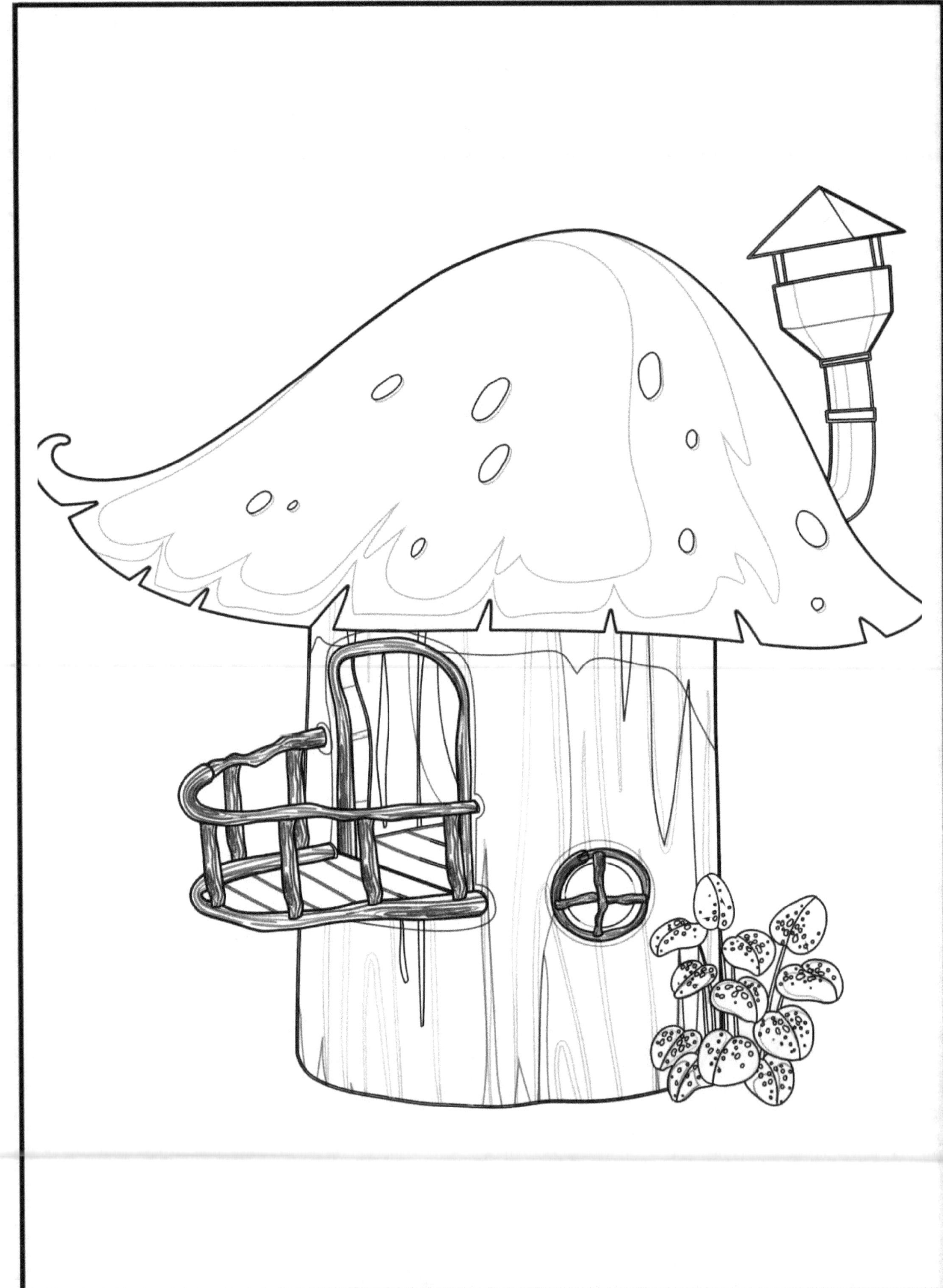

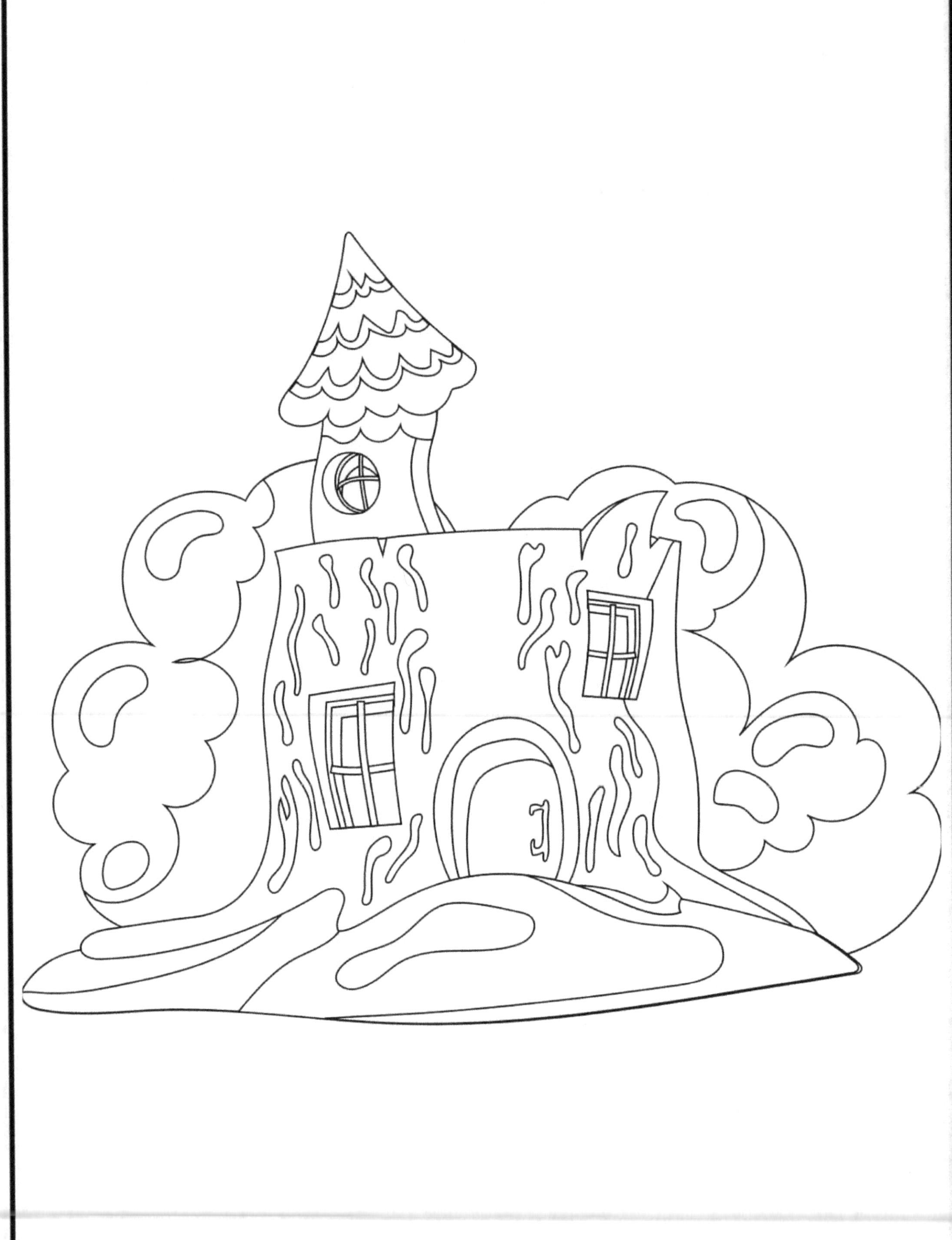

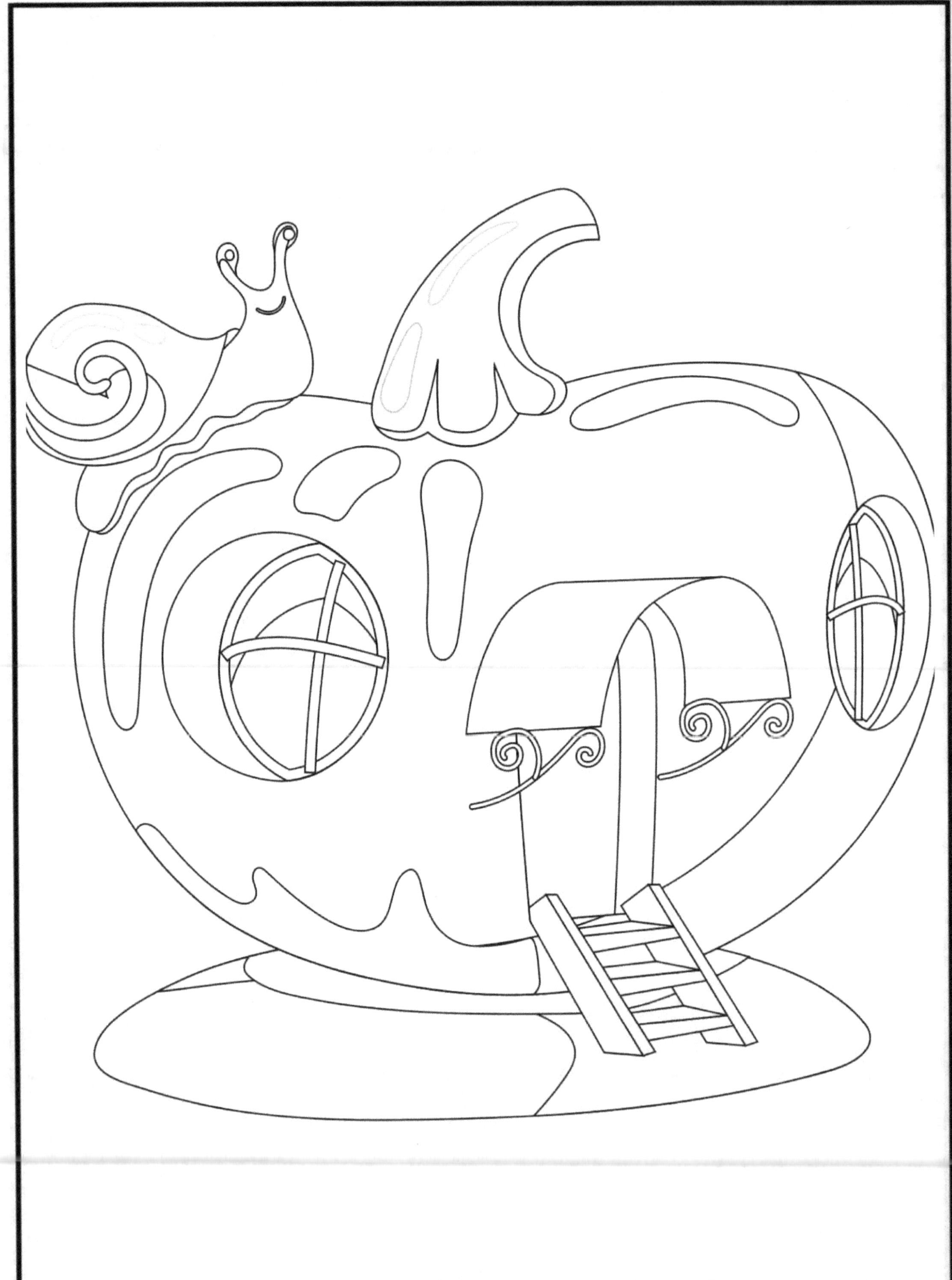

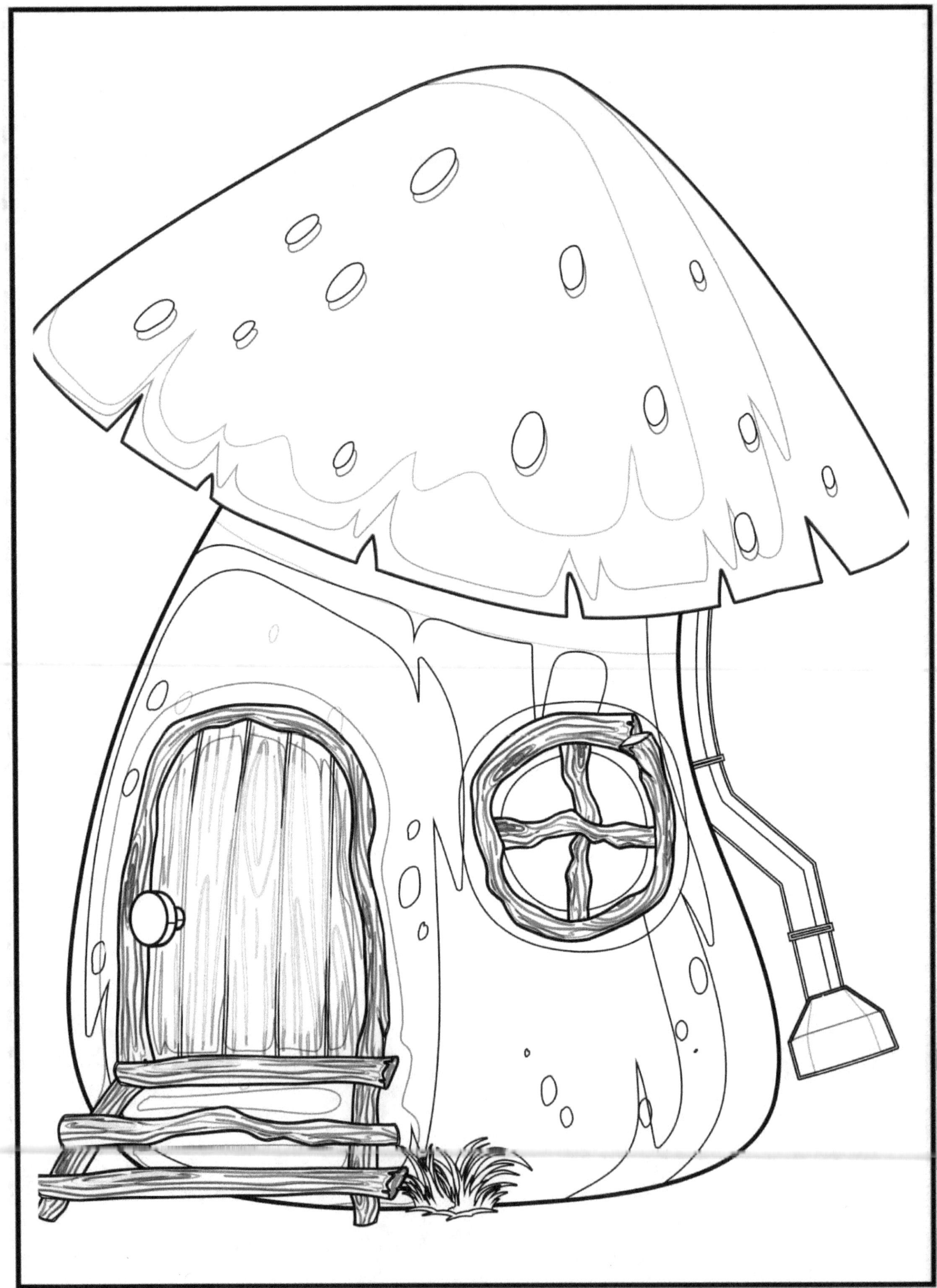

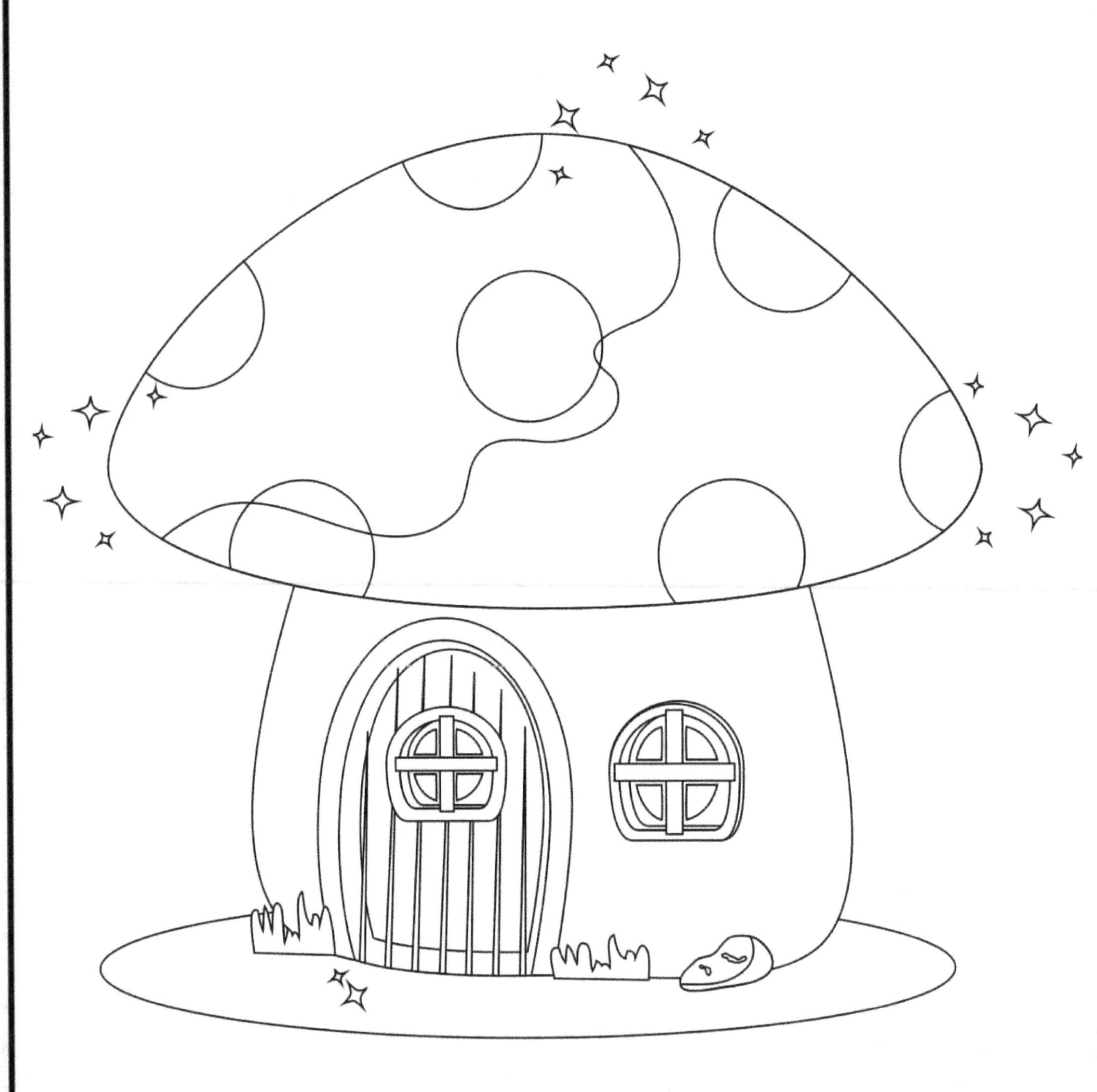

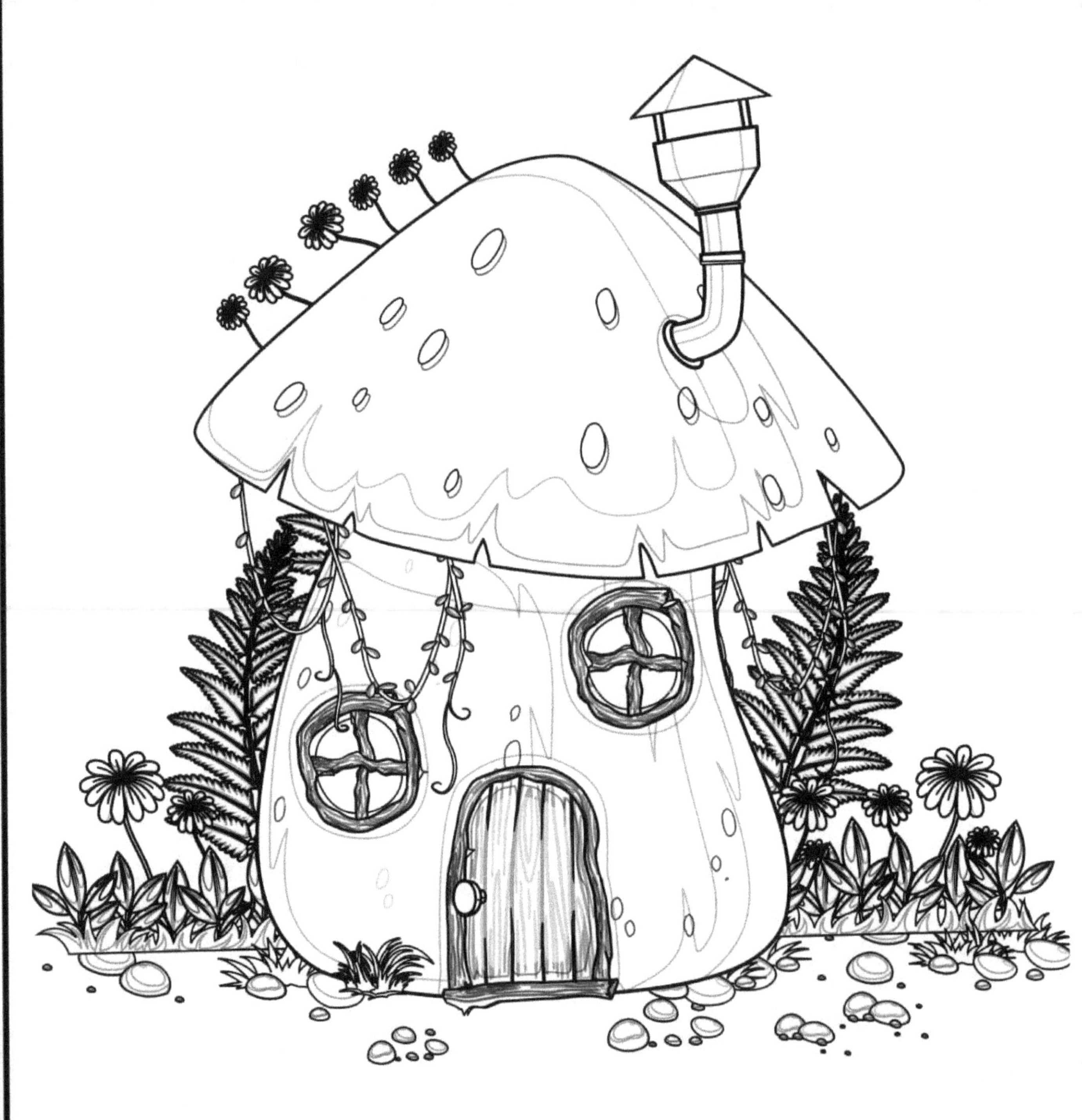

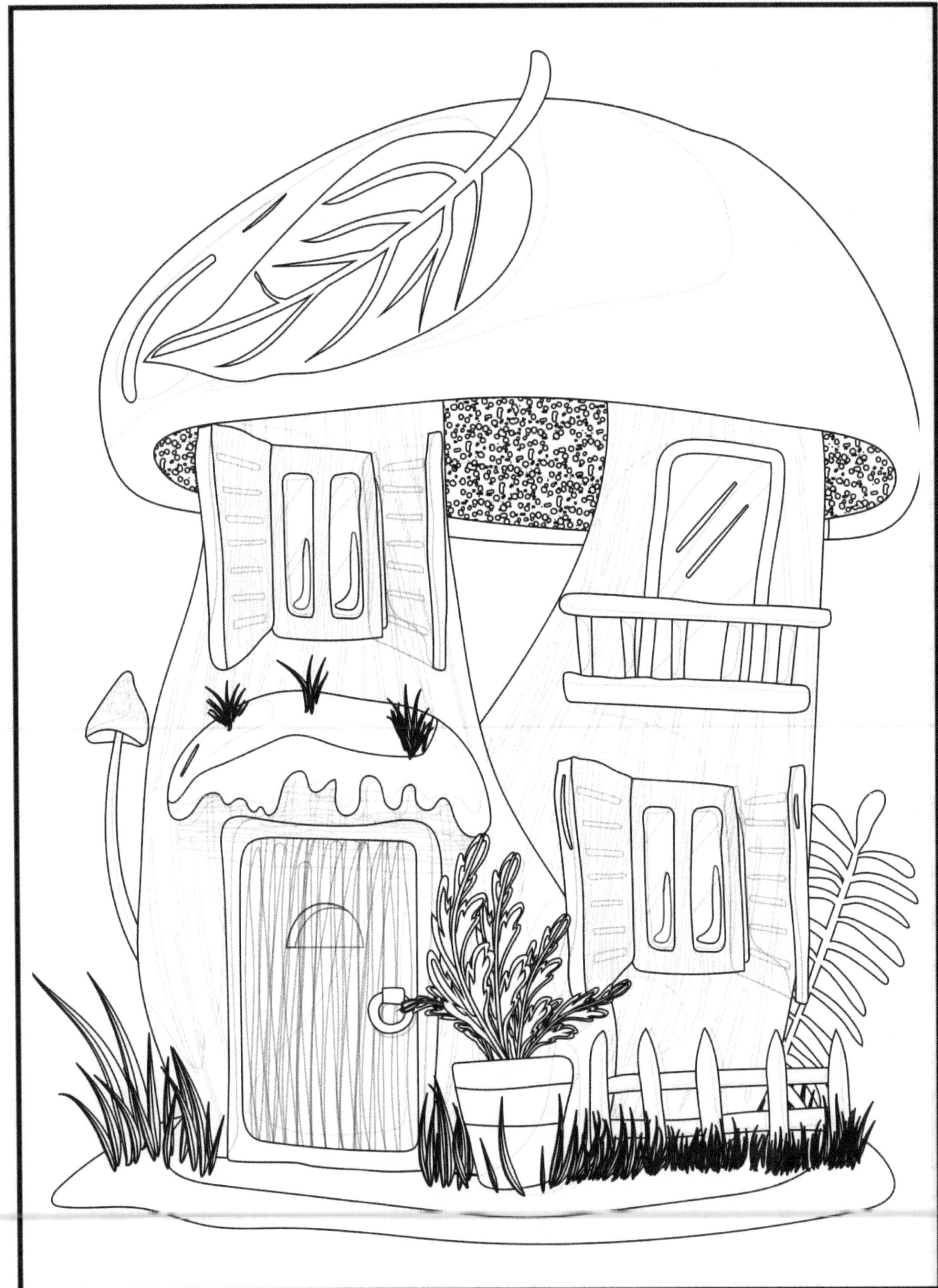

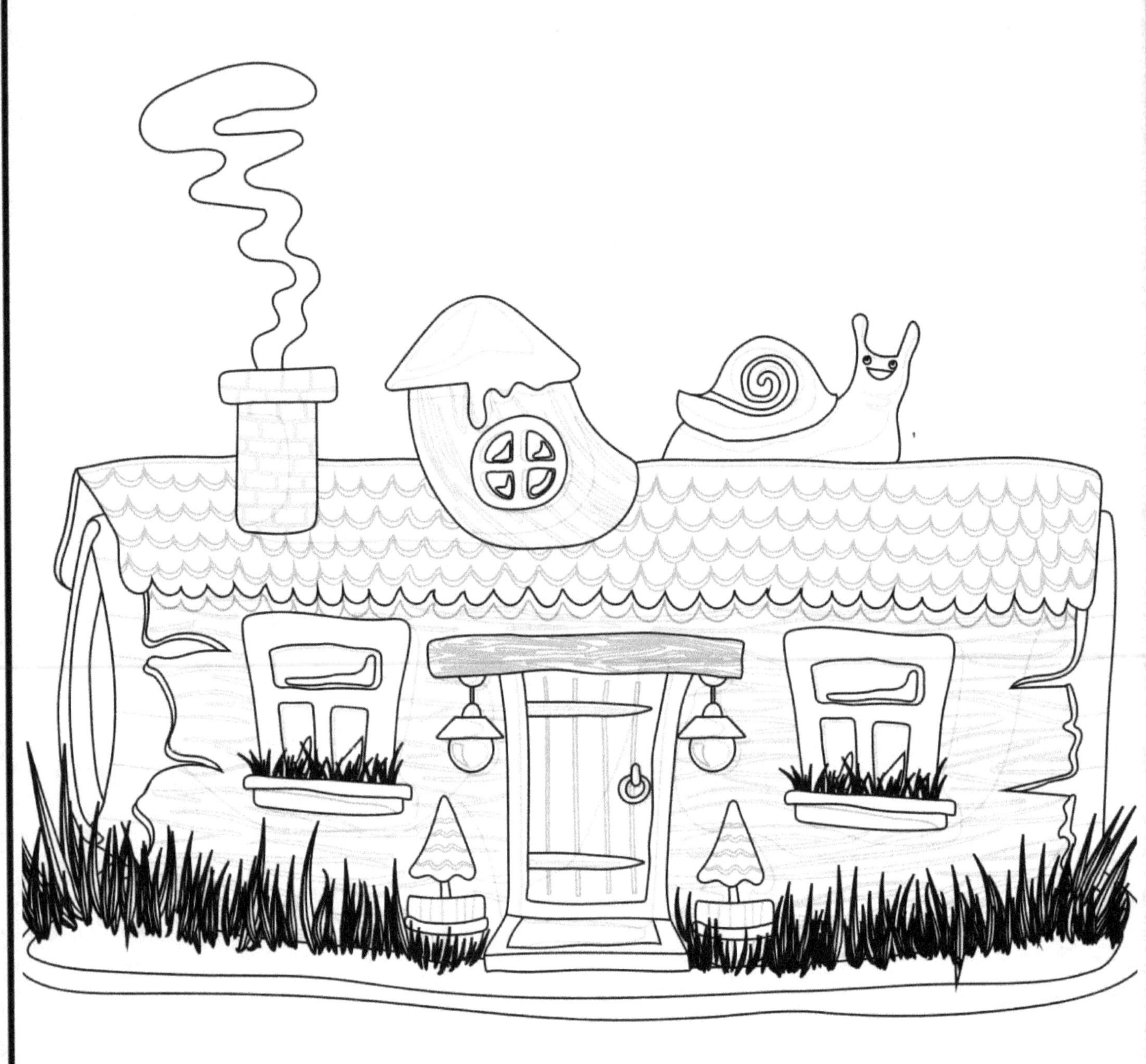

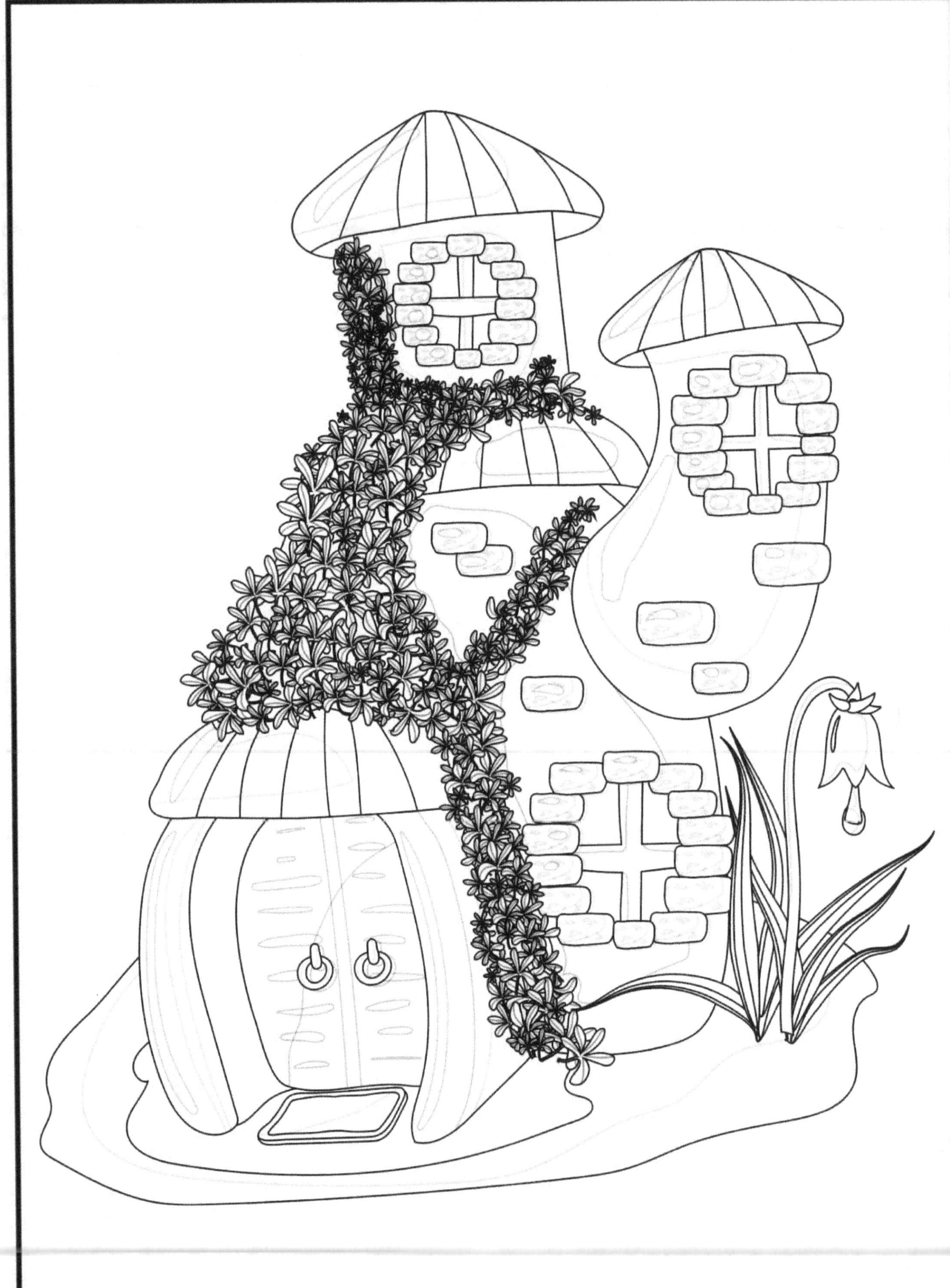

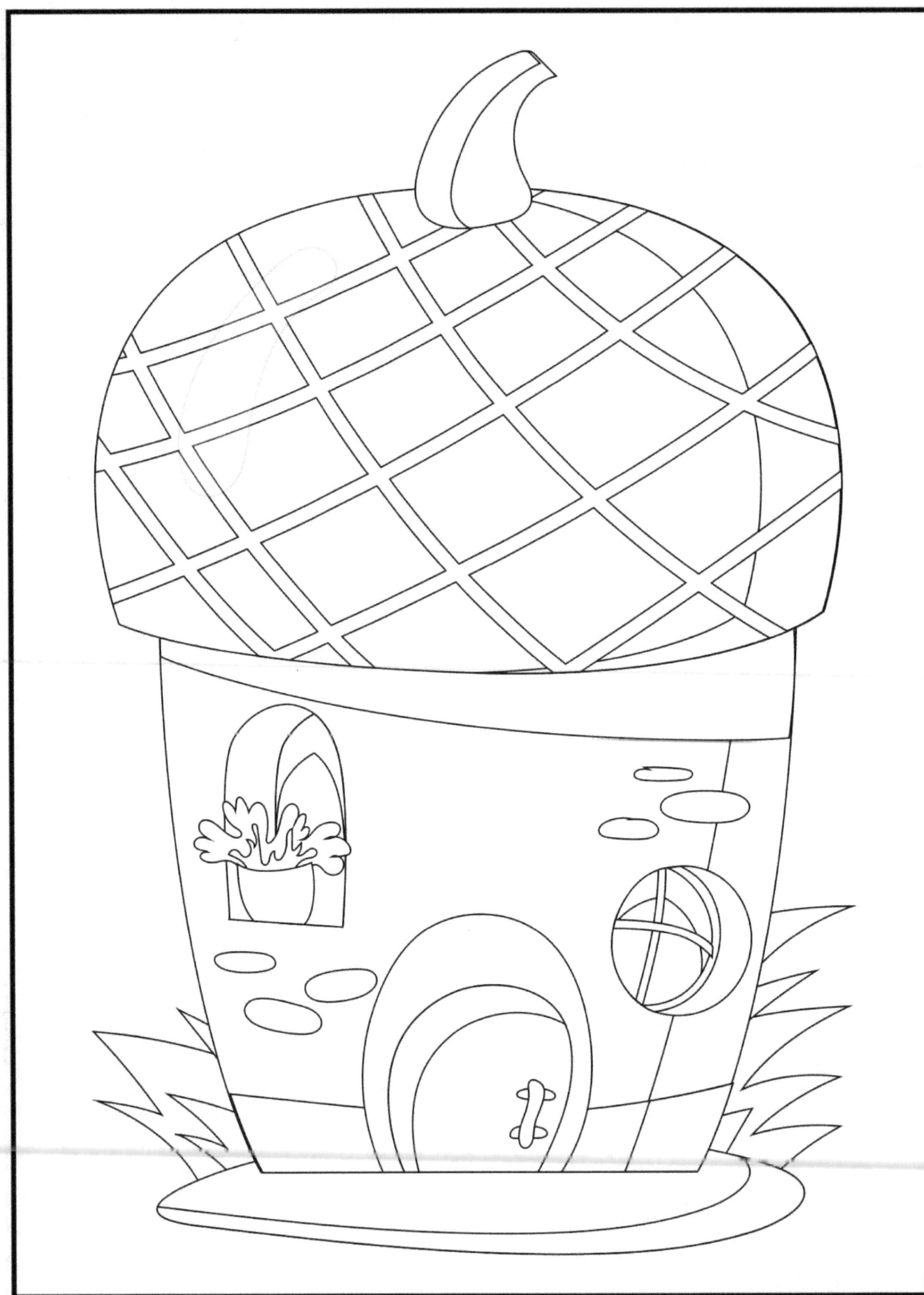

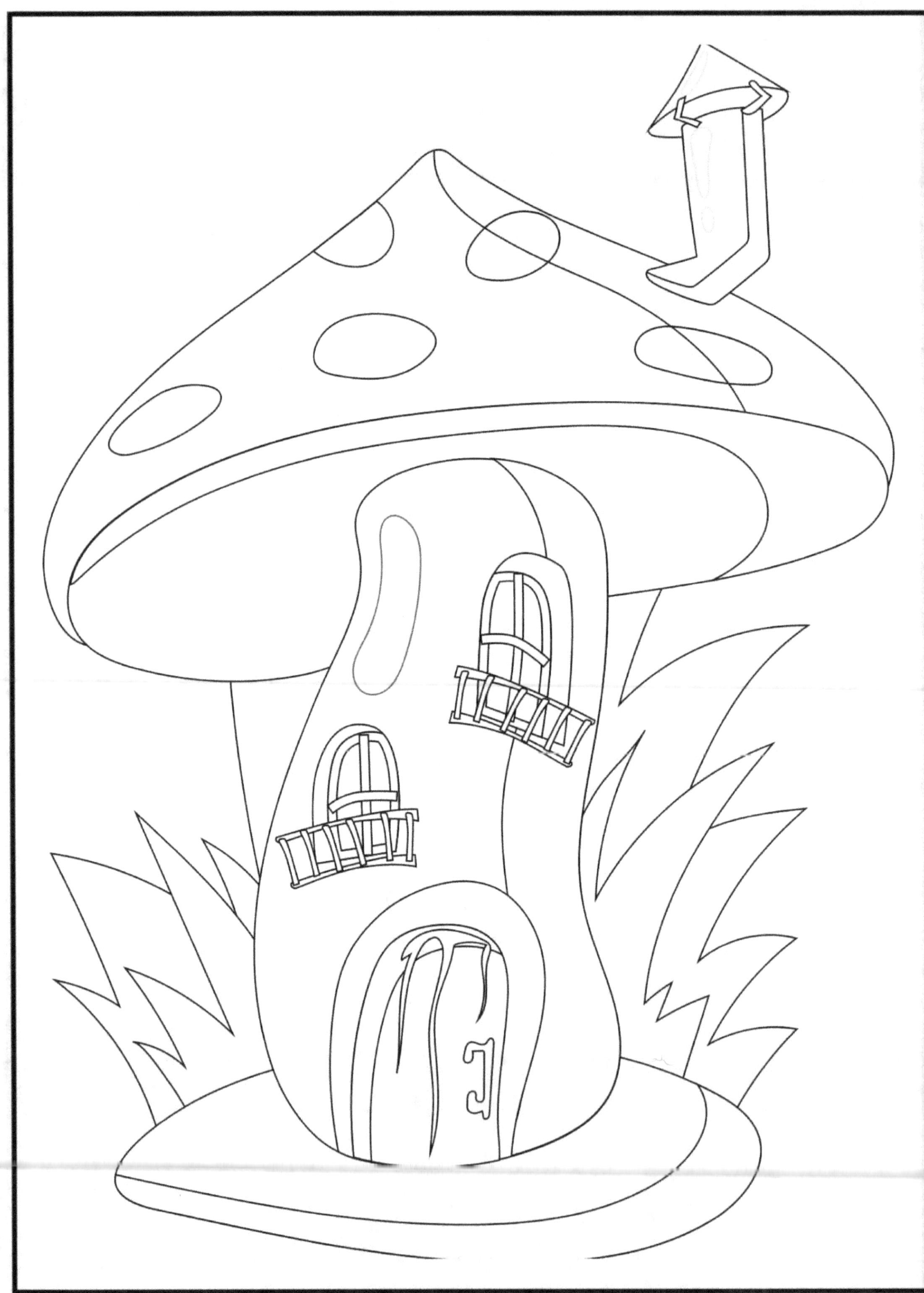

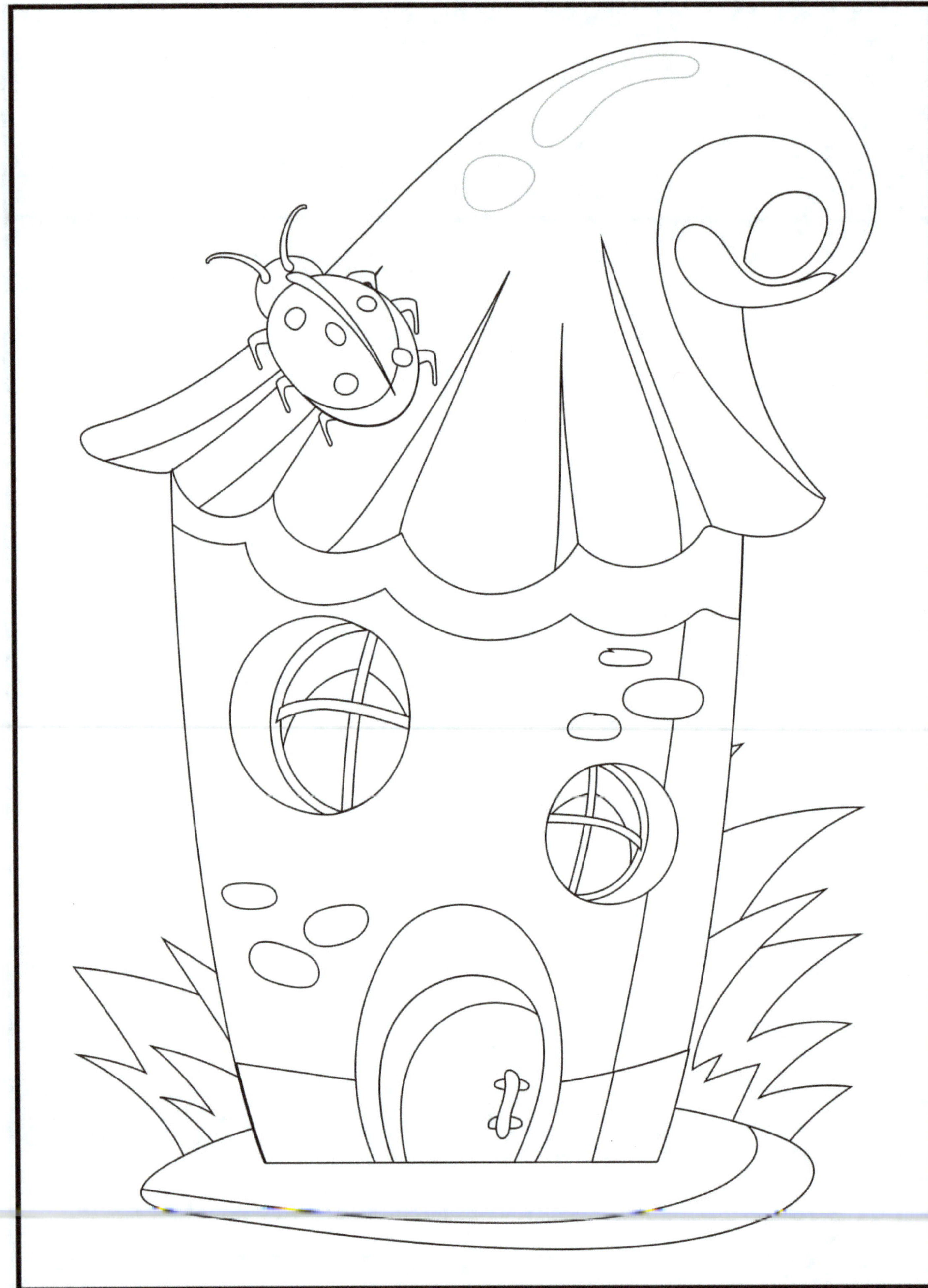

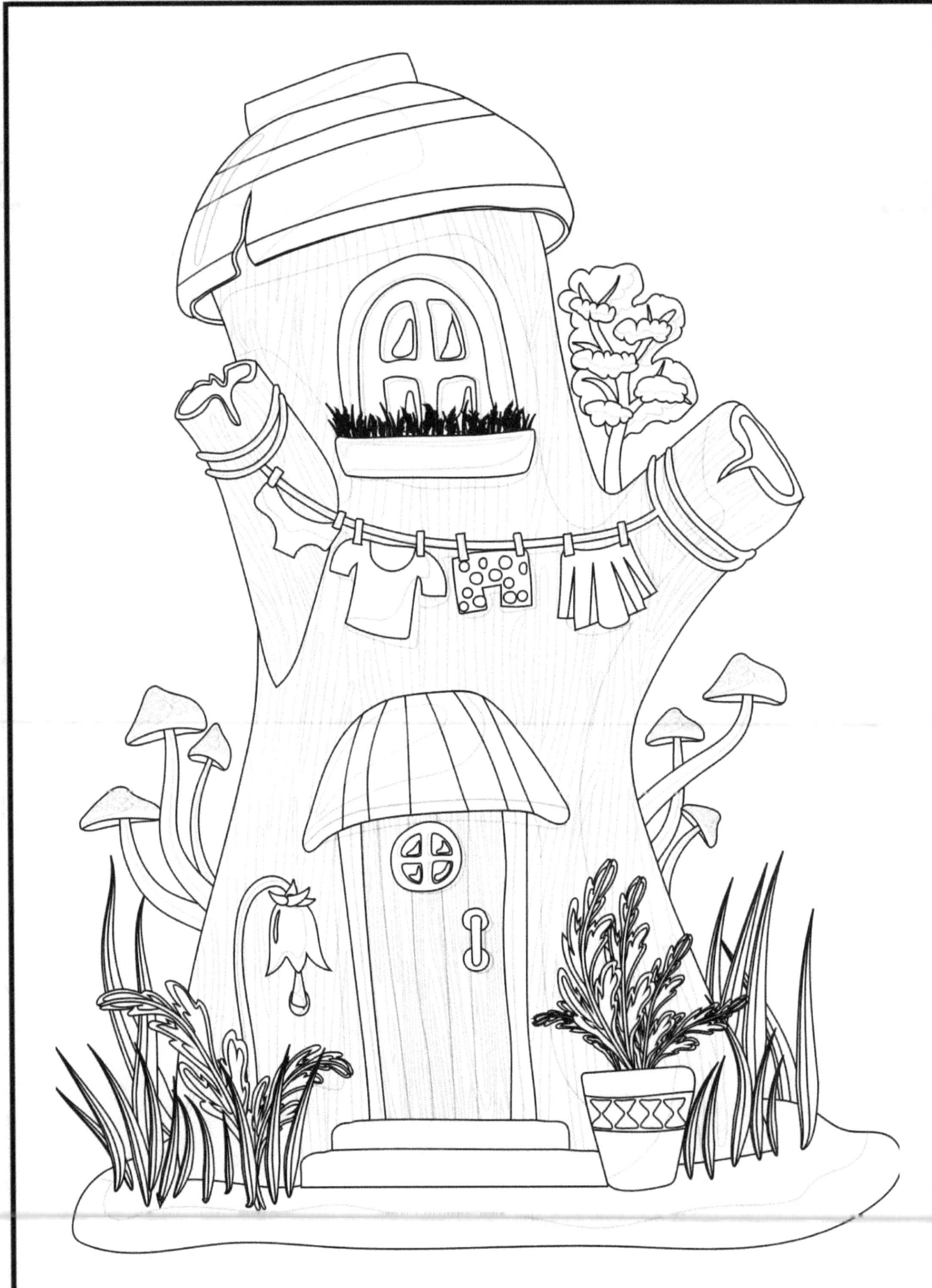

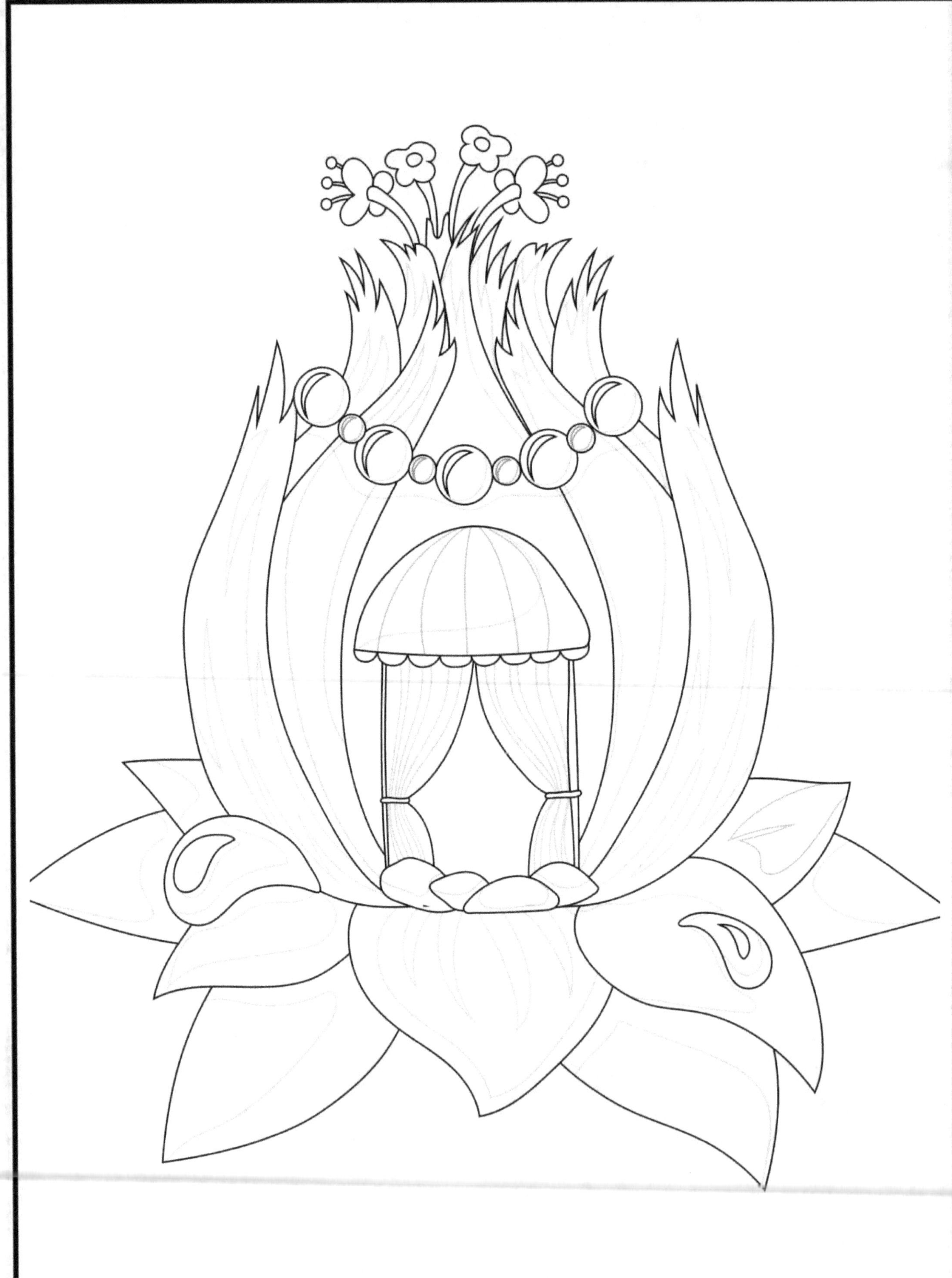

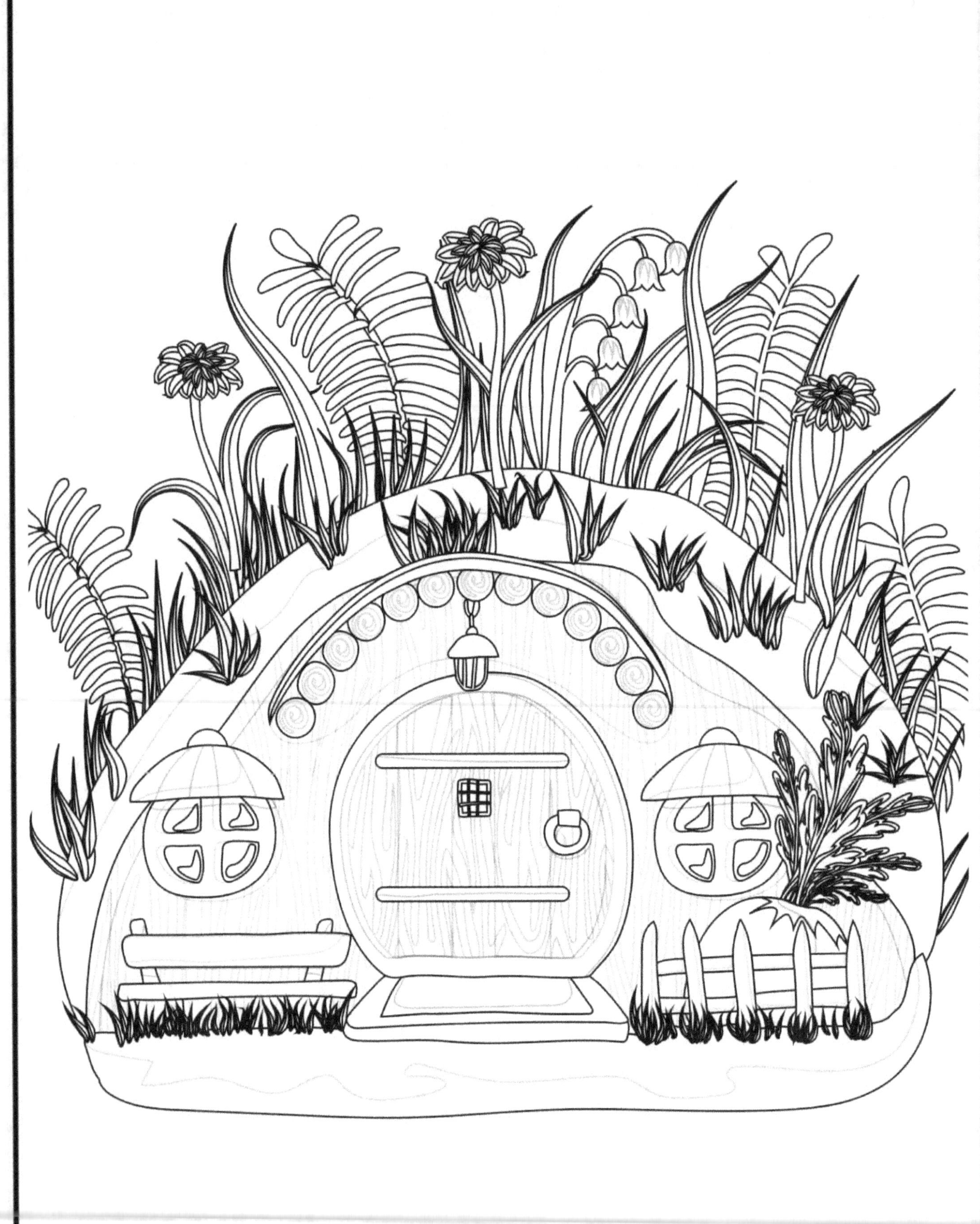